Karl Kautsky
Habsburgs Glück und Ende

SEVERUS Verlag

ISBN: 978-3-95801-506-7
Druck: SEVERUS Verlag, 2016

Der SEVERUS Verlag ist ein Imprint der Diplomica Verlag GmbH.
Bibliografische Information der Deutschen Nationalbibliothek:
Die Deutsche Nationalbibliothek verzeichnet diese Publikation in der
Deutschen Nationalbibliografie; detaillierte bibliografische Daten
sind im Internet über http://dnb.d-nb.de abrufbar.

© SEVERUS Verlag, 2016
http://www.severus-verlag.de
Printed in Germany
Alle Rechte vorbehalten.
Der SEVERUS Verlag übernimmt keine juristische Verantwortung
oder irgendeine Haftung für evtl. fehlerhafte Angaben und deren
Folgen.

Karl Kautsky

Habsburgs Glück und Ende

Habsburgs Glück und Ende

Von
Karl Kautsky

VORWORT

Die vorliegenden Ausführungen erschienen im Laufe des Oktober als eine Reihe von Artikeln in der „Sozialistischen Auslandspolitik". Sie waren in erster Linie bestimmt, deutschen Arbeitern die so verwickelten und eigenartigen nationalen Verhältnisse des Habsburgerreichs klar zu machen, das damals eben in jene chaotische Periode einzutreten begann, die mit seinem völligen Zerfall enden sollte.

Wenn auch nicht äußerlich, so doch nach Gedankengang und Methode steht die hier vorliegende Schrift in Zusammenhang mit einer Reihe anderer, die ich verfaßte mit der Absicht, alle die einzelnen Probleme, die der Krieg aufgerollt, von einem gemeinsamen Gesichtspunkte aus zu behandeln, ihren inneren Zusammenhang ebenso wie die Besonderheit eines jeden aufzuzeigen.

Den Ausgangspunkt bildete eine allgemeine Erörterung über die „Befreiung der Nationen" (1917), der eine Abhandlung über das „Neue Polen" (Neue Zeit, November 1916) vorausgegangen war. Ihr folgten zwei Broschüren über „Serbien und Belgien in der Geschichte" und „Elsaß-Lothringen".

Weitere Arbeiten über die Kolonialfrage, die Abrüstung, die Liga der Nationen waren geplant. Sie werden gegenstandslos durch den Frieden, der nun in nächster Aussicht steht und der verspricht, die praktische Lösung früher zu bringen, ehe die theoretische Erörterung abgeschlossen ist.

Und neue Aufgaben treten jetzt in den Vordergrund, die andere Lösungen heischen. Der Krieg ist zu Ende, die Revolution hat nun auch bei uns gesiegt.

In den Staaten des ehemaligen Österreich überwiegt freilich unglücklicherweise, namentlich unter den Slawen, noch nicht der sozialistische Gedanke den nationalen in der Revolution.

Noch werden sie beherrscht von den nationalen Gegensätzen, die das jetzt zusammengebrochene Staatswesen gezeitigt und als verhängnisvolle Erbschaft seinen Nachfolgern hinterlassen hat.

So besitzt leider der Gegenstand der vorliegenden Schrift, der österreichische Staat, noch immer mehr als bloß historisches Interesse, obwohl während ihrer Abfassung dieser Gegenstand selbst sich aufgelöst hat und nur noch der Geschichte angehört. Die Auseinandersetzung der Nationalitäten Österreichs ist noch nicht vollzogen, sie birgt noch manchen bitteren Konflikt in ihrem Schoße, und daher ist, trotz der rapiden revolutionären Entwicklung unserer Verhältnisse die vorliegende Schrift nur zu aktuell geblieben. Nichts wäre dringender zu wünschen, als daß sie rasch gegenstandslos würde, die sozialen Probleme die nationalen verdrängten.

Damit soll die Größe dessen, was bisher schon in Österreich geschah, nicht unterschätzt werden. Neben dem russischen Zarismus und der deutschen Militärautokratie war die auf das Nationalitätenelend begründete Herrschaft der Habsburger einer der großen Hemmschuhe für den Aufstieg Osteuropas. Nun hat ein einziger Krieg mit einem Male alle drei mit eherner Faust zertrümmert.

Ein englischer Kindervers besingt das tragische Schicksal eines gebrechlichen rohen Eies, Humpty-Dumpty genannt:

> Humpty Dumpty sat on a wall,
> Humpty Dumpty made a great fall
> And all the Kings horses
> And all the Kings men
> Cannot put Humpty Dumpty together again.

Zu deutsch:

*Humpty-Dumpty saß auf einer Mauer,
Humpty-Dumpty tat einen tiefen Fall,
Und alle Männer des Königs
Und alle Rosse des Königs
Können Humpty-Dumpty nicht wieder zusammen-*
flicken.

Heute ist das Schicksal Humpty-Dumptys das einer Dynastie nach der andern geworden.

Es geht ihnen wie den rohen Eiern im Kinderlied und sie zerbrechen unter Umständen, die jede Möglichkeit ausschließen, daß sie je wieder zusammengeflickt werden.

Die kommenden Kämpfe können noch mannigfache Wechselfälle bringen, aber der zarische Absolutismus ist für immer dahin, und nicht minder die militärische Autokratie des Reiches der 22 Landesväter und der Staat der Habsburger. Keine Gegenrevolution der Rosse und Männer des Königs ist mehr möglich, die es vermöchte, einen von ihnen wieder herzustellen.

Berlin, November 1918.

K. Kautsky.

Habsburgs Glück und Ende

Der Friede im Osten.

Wie der Krieg, ist auch der Friede überraschend hereingebrochen. Und das ist kein Zufall. Es gibt eben Geheimnisse nicht bloß in der Diplomatie, sondern auch in der Kriegführung, und die Volksmasse hatte bisher in die Geheimnisse letzterer Art ebensowenig Einblick wie in die diplomatischen. So konnte sie keine Wendung voraussehen, wurde sie durch jede überrascht.

Das dürfte jetzt anders werden. Die Zeit geht rasch ihrem Ende entgegen, in der es einer Regierung möglich war, nicht bloß die Massen der Völker, sondern auch den kleinen Kreis ihrer Vertreter vor fertige Tatsachen zu stellen.

Die nächste praktische Frage ist jetzt die Gestaltung des Friedens geworden.

Es wäre kurzsichtig, käme es uns bloß auf das Einstellen des Blutvergießens an, wenn das unter Bedingungen geschähe, die den Frieden zu einer bloßen Atempause machten, nach deren Ablauf das Schlachten von neuem, mit vermehrter Wut losbräche. Wir brauchen einen **dauernden** Frieden, das kann aber nur einer sein, der den arbeitenden Klassen aller Nationen Selbstbestimmung und wirtschaftliche Entwicklung in gleichem Maße ermöglicht. Im Gegensatz zu den arbeitenden Klassen läßt sich künftig kein Krieg mehr führen. Ihre Zeit ist jetzt gekommen. An ihren Forderungen, ihren Interessen ist der Friedensvertrag zu messen. Es muß ein demokratischer Friede werden, ein Friede der Freiheit im Innern, der Freiheit des Verkehrs nach außen. Soweit dabei Grenzregulierungen in Frage kommen, werden sie in Westeuropa keine Schwierigkeiten machen, wenn einmal die Machtfragen gelöst sind. Hier herrschen Verhältnisse, die leicht zu klären sind. Die Bevölkerung ist da überall politisch reif genug, so daß ihre Befragung alle Zweifel löst und einwandfreie Antworten gibt.

Nicht so einfach liegen die Dinge im Osten, nicht bloß in der Türkei, sondern auch auf dem Balkan, in den Gebieten des ehemaligen russischen Reichs und nicht minder in Österreich. Allenthalben regt sich das Bedürfnis nach der Schaffung neuer Nationalstaaten. Aber deren Grenzen sind keineswegs unbestritten und auch nicht in jedem Falle durch Befragung der Bevölkerung zweifellos festzustellen. Die Kerngebiete jeder Nationalität liegen freilich klar zutage. Aber die einzelnen Sprachgemeinschaften sind nicht immer streng geschieden. Die Masse der Bevölkerung gerade in den Grenzgebieten besteht oft aus Analphabeten, denen die Schriftsprache fremd ist, die allein eine klare Scheidung verwandter Sprachgemeinschaften ermöglicht. Durch ihre Dialekte gehen verwandte Sprachen oft unmerklich, ohne scharfe Begrenzung ineinander über. Noch wird lebhaft gestritten, ob das Kleinrussische oder Ukrainische eine besondere Sprache oder bloß ein russischer Dialekt ist. Auf jeden Fall gehen kleinrussische und großrussische Dialekte so ineinander über, daß es unmöglich ist, sie genau zu sondern. Dabei hat die Masse der Bevölkerung der Ukraine noch recht wenig Gelegenheit gehabt, sich mit der Frage zu beschäftigen, ob sie einen selbständigen Staat dem Anschluß an eine großrussische demokratische Republik vorziehen soll und wo sie dessen Grenzen sucht. Eine sofortige Abstimmung darüber könnte leicht ein bloßes Zufallsresultat ergeben.

Ähnlich liegen die Dinge für die Grenzabsteckung zwischen Bulgarien und Serbien in Mazedonien.

Anderswo sind wieder die Sprachen deutlich gesondert, so das Griechische vom Bulgarischen, das Serbische vom Albanesischen, das Polnische vom Ukrainischen. Aber in den Grenzbezirken wohnen die verschiedensten Sprachstämme bunt durcheinander, viele der Einwohner beherrschen da zwei oder sogar drei Sprachen mit gleicher Leichtigkeit, können sich heute zu der, morgen zu jener Sprachgemeinschaft zählen.

Wir haben es im Osten eben nicht immer mit geschlossenen, fest bestimmten modernen Nationalitäten, sondern vielfach mit erst werdenden, sich zusammenschließenden Nationalitäten zu tun, der jeder das Gebiet ihrer Entwicklung abgesteckt werden soll.

Dazu kommt, daß man bei dem Ziehen von Staatsgrenzen auch die Bedürfnisse des Verkehrs in Betracht ziehen muß, die nicht stets mit den Ansprüchen der Nationalitäten zusammenfallen.

Wenn man die Nationalitäten des Ostens sich selbst und ihrer Selbstbestimmung überläßt, ist daher sehr zu befürchten, daß kein Zustand des Friedens, sondern einer neuer Konflikte daraus ersteht, der nach einer Atempause leicht wieder einen neuen Krieg heraufbeschwören kann, wie wir das auf dem Balkan schon einmal, kurz vor dem Weltkrieg, erlebt haben.

Das Übel würde vermindert, wenn es gelänge, überall die Machtpolitiker auszuschalten. Die Gründung einer föderativen Balkanrepublik wäre z. B. ein vortreffliches Mittel, die Grenzstreitigkeiten der Balkanstaaten untereinander belanglos zu machen.

Doch nicht überall ist eine derartige Lösung ohne weiteres möglich, und nicht überall verspricht sie alle Reibungsflächen zu beseitigen.

Auf der anderen Seite darf man erwarten, daß, wenn den einzelnen Nationalitäten einmal ihr Raum bestimmt ist, ein dauernder Friedenszustand zwischen ihnen eintritt. Denn gerade, weil sie noch auf dem Wege sind, sich zu formen, sind sie an ihren Sprachgrenzen, soweit diese strittig, noch sehr anpassungsfähiger Natur. Ist einmal eine feste Grenze zwischen Serbien und Bulgarien in Mazedonien gezogen, dann werden die einen Mazedonier ebenso schmerzlos zu Bulgaren, wie die andern zu Serben werden.

Den dauernden Friedenszustand zu schaffen, wird Aufgabe des Friedenskongresses sein. Er wird nicht bloß dahin zu wirken haben, daß allenthalben, wo sich die Völker nach neuen Gestaltungen regen, der Grundsatz der Selbstbestimmung zur Durchführung kommt, sondern er wird auch als Schiedsrichter dort aufzutreten haben, wo die sich bildenden Nationalitäten zu keiner Einigung über ihre Grenzen kommen können und der Grundsatz der Selbstbestimmung versagt.

Das Eingreifen der Liga der Völker wird namentlich notwendig werden zur Entwirrung des Chaos, das jetzt in Österreich überhand nimmt. Es in ein dauerhaftes Neugebilde umzuwandeln, erweisen sich die Nationalitäten des Staates immer weniger fähig.

Der Weltkrieg brach herein, weil Österreich seinen Konflikt mit Serbien als eine lokale Angelegenheit betrachtet wissen wollte, die die Welt nichts anginge. Der Weltkrieg endet damit, daß den Mächten der Welt die Entscheidung darüber zufällt, in welchem Verhältnis österreichische Nationalitäten künftig zueinander stehen sollen. Die Zukunft der Völker des bisherigen Österreich ist eine internationale Frage geworden.

Wirtschaft und Staat.

Nachdem es vier Jahre lang geschienen, als habe sich die Welt der Kriegführenden in ein Labyrinth verwandelt, aus dem kein Ausweg zu finden sei, ist sie plötzlich mit einem gewaltsamen Ruck in freies Feld geraten, um nun mit kometenhafter Schnelligkeit vorwärtszuschießen, so daß ihr das Auge des Betrachters kaum noch zu folgen vermag. Jeder Tag stellt uns vor eine neue überraschende Situation; und was man auf Grund der letzten Nachrichten geschrieben und zum Druck befördert hat, wird leicht durch die Tatsachen überholt, ehe noch die Druckerschwärze auf dem Papier getrocknet ist.

In besonders hohem Maße gilt das heute von Österreich. Was dort der kühnste Träumer gestern noch als unwahrscheinlich verlacht hätte, geht heute als Gemeinplatz von Mund zu Mund. Jede Darstellung österreichischer Probleme läuft da Gefahr, daß ihr das Objekt unter den Händen entschwindet, ehe noch die Darstellung zum Abschluß gelangt ist.

Indes, wenn auch das alte Österreich mit erstaunlicher Schnelligkeit zusammenbricht, das neue Leben, das aus den Ruinen blühen soll, wird nicht mit gleicher Schnelligkeit feste Formen annehmen können. Dazu sind die Verhältnisse zu verwickelt, verwickelter als in irgendeinem anderen Nationalitätenstaate, als etwa in Rußland oder der Türkei. Gerade, weil wir da zunächst nicht vor festen Gebilden, sondern vor einem Chaos stehen, wird es doppelt notwendig, sich über die besonderen Probleme Österreichs und ihr Werden in der Geschichte klar zu werden.

Vor allem heißt es die Frage beantworten, welches die Ursachen waren, die Österreich bisher zusammen- und am Leben gehalten haben.

Im 16. und 17. Jahrhundert zog Österreich seine Bedeutung und seine Kraft aus der Tatsache, daß es das Bollwerk Europas gegen die nach Westen vordringenden Türken bildete. Das machte seine Aufgabe zu einer wesentlich militärischen.

Als die Türkengefahr aufhörte, entstand eine andere Bedrohung Westeuropas im zaristischen Rußland. Dieses am Vormarsch zum

Mittelmeer zu hindern, war Österreich berufen — abermals eine militärische Aufgabe.

Marx sah 1860 den „einzigen Umstand, der die staatliche Existenz Österreichs, seit Mitte des 18. Jahrhunderts rechtfertigte", in seinem „Widerstand gegen die Fortschritte Rußlands im Osten Europas — ein Widerstand, hilflos, inkonsequent, feig, aber zäh" („Herr Vogt", S. 77).

Dreißig Jahre später, 1890 erklärte Engels in seiner Studie über die „Auswärtige Politik des russischen Zarentums":

„Die ganze Gefahr eines Weltkrieges verschwindet an dem Tage, wo eine Wendung der Dinge in Rußland dem russischen Volke erlaubt, durch die tradionelle Eroberungspolitik seiner Zaren einen dicken Strich zu machen und sich mit seinen eigenen, aufs äußerste gefährdeten innern Lebensverhältnissen zu beschäftigen, statt mit Weltherrschaftsphantasien."

Engels erwartete von dem Sturz der zaristischen Selbstherrschaft in Rußland die Möglichkeit einer Politik, die Europa gestattet, abzurüsten, wobei „Deutschland von allen am meisten gewinnen würde", und erklärte weiter:

„Österreich verliert an demselben Tage seine historische Existenzberechtigung, die einer Barrière gegen den russischen Vormarsch auf Konstantinopel." („Neue Zeit", VII., S. 202.)

Um die Zeit, in der Engels so schrieb, bereitete sich schon das Kommen von Marxisten vor, die eine andere Existenzberechtigung Österreichs entdecken sollten. Sein Bestehen erschien ihnen als eine ökonomische Notwendigkeit für die Völker des Staates selbst, und daneben meinten sie, er sei berufen, zum Muster modernster staatlicher Entwicklung zu werden.

Diese Anschauungen beruhten auf der Auffassung, daß jeder Staat sich auf dem Boden eines besonderen Wirtschaftsgebiets erhebe, dessen Ausdehnung auch die seine bestimme. So bilde jeder Staat eine ökonomische Notwendigkeit für seine Bewohner.

Da aber das wirtschaftliche Leben sich immer mehr ausdehnt, müsse auch das Wirtschaftsgebiet immer mehr wachsen und mit ihm der Staat. Der Nationalstaat sei in seiner Ausdehnung bestimmt, er würde daher von einer gewissen Höhe der Entwicklung an zu einer Fessel der Produktion. Deren Weiterentwicklung erheische die Ausdehnung des Staates zum Nationalitätenstaat. Dieser sei der Staat der Zukunft, und Österreich nach seiner Zusammensetzung und der Höhe seiner Entwicklung berufen, die vollkommenste Form seiner Organisation hervorzubringen, wozu Renner bereits alle nötigen Projekte ausgearbeitet hatte.

In Deutschland sekundierte ihm Cunow, der aus den gleichen Erwägungen heraus den Imperialismus für eine ökonomische Notwendigkeit erklärte. Allerdings erst nach Kriegsausbruch. Bis dahin hatte er ihn als einen Krebsschaden bekämpft.

Die Cunow-Rennersche Auffassung beruhte auf bloßen Spekulationen, nicht auf Beobachtungen. Je mehr sich der Kapitalismus entwickelt, desto kräftiger ersteht die moderne Demokratie, das Streben nach dem Selbstbestimmungsrecht der Völker, nach dem Nationalstaat, auf Kosten der aus den Zeiten des Despotismus überkommenen Nationalitätenstaaten. Der Krieg hat uns wieder neue Belege für diese Tendenz geliefert. Es steht heute schon fest, daß er eine Reihe neuer, kleinerer Staaten bilden wird. Selbst Island mit seinen 85 000 Einwohnern hat ihn benutzt, sich selbständig zu machen.

Diese Entwicklung wäre allerdings ökonomisch reaktionär, wenn sie Hand in Hand mit steigender Abschließung der Staaten voneinander ginge. Je mehr sie fortschreitet, desto dringender nötig werden allgemeiner Freihandel und überall offene Tür für jedermann.

Das und nicht beständige Ausdehnung des Staates, was beständige Neigung zum Eroberungskrieg bedeuten würde, macht der stete Ausdehnungsdrang der Wirtschaft notwendig, ein Drang, der in gewissem Sinne nicht die ka-

15

pitalistische Produktionsweise allein kennzeichnet, sondern der einer jeden Produktionsweise innewohnen muß, die auf Vermehrung und Verstärkung ihrer Produktionskräfte bedacht ist, also auch einer sozialistischen.

Indessen hieße es das Kind mit dem Bade ausschütten, wollte man jede Beziehung zwischen Staat und Wirtschaftsgebiet leugnen. Nur ist in der Regel der Zusammenhang ein anderer, als der von Renner-Cunow vorausgesetzte. Der Staat geht nicht aus dem Wirtschaftsgebiet, sondern dieses aus dem Staat hervor, wenn man unter einem Wirtschaftsgebiet ein Verkehrsgebiet versteht, ein Gebiet, dessen Bewohner untereinander in engerem Verkehr stehen, als mit der Außenwelt. Dieser Zusammenhang rührt daher, daß die Herstellung und Regelung der großen Verkehrsmittel im wesentlichen Aufgabe des Staates ist. Und für die kapitalistische Wirtschaft ist der Verkehr der einzelnen Betriebe untereinander unentbehrlich, im Gegensatz zu den vorkapitalistischen Wirtschaftsstufen, auf denen die meisten Betriebe alles selbst erzeugten, was sie brauchten, und alles selbst verbrauchten, was sie erzeugten. Keine Art der Berufe dehnt sich so rasch aus wie die des Handels und Verkehrs. Von 1882—1907 wuchs im Deutschen Reiche die Gesamtbevölkerung um 36 Prozent, die von der Industrie lebende Bevölkerung um 64, die von Handel und Verkehr lebende um 82 Prozent.

Außer durch die Verkehrsmittel, zu denen nicht bloß Land- und Wasserstraßen, sowie Eisenbahnen und Telegraphen, sondern auch Geld- und Bankwesen gehören, wirkt der kapitalistische Staat auf die Wirtschaft auch ein durch seine Zölle, seine Steuern, sein Recht. Alles das ist in jedem Staate anders, in jedem werden alle in ihm befindlichen Betriebe auf diese besonderen Bedingungen eingestellt und in engeren Zusammenhang miteinander gebracht. Jede Zerreißung dieses Zusammenhanges, jede tiefergreifende Änderung dieser

Bedingungen bringt die Gefahr einer Störung, einer Krisis des wirtschaftlichen Lebens mit sich.

Ehedem, bei vorwiegender Produktion für den Selbstgebrauch, solange die Wirtschaft nicht so sehr auf den ungestörten Fortgang des Verkehrs in den alten Geleisen angewiesen war, zog eine Veränderung der Staatsgrenzen für die dadurch betroffene Bevölkerung in der Regel nur geringe wirtschaftliche Störungen nach sich. Bei entwickeltem Kapitalismus drohte eine solche Veränderung zu einer Katastrophe zu werden.

Das bildete eine der großen konservativen Kräfte des modernen Staatslebens und eine der Ursachen des festen Zusammenhalts der modernen kapitalistischen Staaten auch dort, wo große Teile der Bevölkerung das bestehende Staatswesen aus nationalen oder sonstigen Gründen unerträglich fanden, von ihm wegstrebten. Dem entspricht es, daß wir seit 1871 in Europa keine Änderung der Staatsgrenzen mehr finden, außer auf dem kapitalistisch rückständigen Balkan.

Der jetzige ungeheure Krieg hat diesen wie so manchen anderen konservativen Faktor vollständig aufgehoben. Er hat in einem Maße, wie kein anderer vor ihm, die gesamte Industrie in seinen Dienst gepreßt und dadurch die Friedenswirtschaft vollständig aus dem Geleise gebracht. Sie mußte sich auf ganz neue Verhältnisse einrichten. Nun geht die Kriegswirtschaft ihrem Ende entgegen, und eine neue abermalige Umschaltung beginnt, die noch weit schwierigere zur Friedenswirtschaft.

Das wird ohne tiefgehende Störungen und Krisen auf keinen Fall abgehen. Bei dieser völligen Neuordnung der Dinge hören die alten staatlichen Zusammenhänge auf, jene bestimmende wirtschaftliche Rolle zu spielen, die sie bis zum Kriege hatten. Ein Staat, der von einer auseinanderstrebenden Bevölkerung bewohnt wird, verliert dadurch eine der stärksten Stützen, die er im Frieden fand. So er=

klärt es sich, daß in Österreich jetzt über Nacht die radikalsten nationalen Selbständigkeitsgelüste selbst in Kreisen auftreten, die bisher zu den ausgesprochen staatserhaltenden gehörten. Der Krieg hat alle Bande zermürbt, die die Gegenwart mit der alten Wirtschaft und damit mit dem alten Staat hätten verbinden können. Unbeschwert von jeder Tradition und jeder wirtschaftlichen Bindung, sucht jetzt alle Welt nach neuen Formen des Staatslebens.

Die Wirtschaftsgebiete Österreichs.

In unserem letzten Kapitel bemerkten wir, jede Darstellung österreichischer Zustände laufe Gefahr, daß ihr das Objekt unter den Händen entschwinde, ehe noch die Untersuchung abgeschlossen. Das wurde am 16. Oktober gedruckt und am gleichen Tage schon hörte das Objekt auf, zu sein, das alte Österreich. Kaiser Karl selbst verkündete dessen Auflösung in seinem Wiener Manifest.

Indes die Völker Österreichs bestehen fort und damit auch die Probleme der künftigen Gestaltung ihres staatlichen Lebens. Das kaiserliche Manifest hat das alte Österreich aufgehoben, aber das neue ist noch nicht gegründet. Und wird es überhaupt ein neues Österreich geben? Der „Vorwärts" schreibt in seiner Nummer vom 17. Oktober noch von „wirtschaftlichen und politischen Notwendigkeiten", die, wie er hofft, „über die Sturmrufe der jetzt triumphierenden nationalen Radikalinskis siegen und zu einem Zusammenschluß auf neuer und gesunderer Grundlage drängen werden".

Doch wir haben in unserem letzten Kapitel schon gesehen, daß der Krieg die zum Zusammenschluß drängenden Kräfte aufgehoben hat, die aus den ökonomischen Funktionen des modernen Staates entspringen, und ihn zu einem besonderen Verkehrs- und insofern auch Wirtschaftsgebiet gestalten.

Indes schafft nicht nur der Staat ein Verkehrsgebiet. Auch das Umgekehrte ist möglich. Denn neben den staatlichen Bedingungen gibt es auch natürliche, die besondere Verkehrsgebiete hervorrufen. In manchem Lande ist die Bodengestaltung derart, daß sie den Verkehr seiner Bewohner innerhalb seiner Grenzen erleichtert, jenseits derselben erschwert. Solche Länder bilden bei wachsendem Warenhandel und Verkehr natürliche Verkehrsgebiete, denen die Tendenz innewohnt, besondere Staatswesen zu bilden.

Österreich ist jedoch kein derartiges natürliches Verkehrsgebiet. Wohl aber umfaßt es eine Reihe solcher. Das ausgesprochenste unter ihnen ist das Gebiet des Königreichs Böhmen, das Flußgebiet der Moldau und Elbe, das vom Böhmerwald, Erzgebirge, Riesengebirge, der böhmisch-mährischen Höhe umrahmt wird. Seit dieses Land als Staatswesen in der Geschichte auftritt, seit den Zeiten der Völkerwanderung, hat es stets dieselben Grenzen bewahrt.

Ein anderes von Natur aus abgegrenztes Gebiet ist die ungarische Tiefebene, das Flußgebiet der Theiß und der Donau dort, wo diese die Alpen verläßt.

Auch dieses Gebiet, begrenzt von den Alpen, Karpathen, dem serbischen Gebirgsland, zeigt seit der Völkerwanderung trotz zeitweiliger Störungen immer wieder die Tendenz, ein Staatswesen in den gleichen Grenzen zu bilden, denen des Königreichs Ungarn.

Zwischen Böhmen und Ungarn, beide verbindend, ersteht ein Verkehrsgebiet durch die Kreuzung zweier großer Verkehrsstraßen. Der eine dieser Wege wird durch das Donautal gegeben, das ein besonders abgegrenztes Gebiet bildet von dort an, wo der Böhmerwald sich den Alpen nähert und beide das Tal der Donau einengen, bis dorthin, wo die Ausläufer der Karpathen, die kleinen Karpathen, von Norden und die der Alpen, das Leithagebirge, von Süden aneinander herantreten.

Diese von West nach Ost ziehende Straße, die das Deutsche Reich mit Ungarn und dem Orient verbindet, wird gekreuzt von einer, die von Süden nach Norden geht, von Triest über den niedrigsten Alpenpaß, den Semmering, nach dem Donautal und von da weiter durch das Tal der March nach dem Norden.

An der Kreuzung der beiden Straßen liegt Wien. Es blickt ebenso nach Ungarn, wie nach Triest und Mähren und Schlesien. Durch Mähren aber auch nach Böhmen. Die Mähren zugewendete Seite Böhmens ist die am wenigsten scharf abgegrenzte. Das böhmisch-mährische Hügelland ist weit wegsamer als die anderen Böhmen umgebenden Gebirgsketten. Wenn sich Böhmen auszudehnen suchte, geschah es stets nach der mährischen Seite hin und anderseits waren die Herren Wiens, wenn sie in Mähren Fuß faßten, stets geneigt, nach Böhmen vorzudringen.

Alle diese Gebiete wurden also durch ihre natürliche Bodengestaltung in engere Beziehung zueinander gebracht, sobald das Verkehrswesen sich entwickelte. Doch darf man die aus dem friedlichen Verkehr hervorgehenden Beziehungen nicht überschätzen. Die Donau ist bis zu ihrem Eintritt in die ungarische Tiefebene ein reißender Strom, sie wird es wieder bei ihrem Austritt aus dieser Ebene. Für den Handelsverkehr mit dem Orient hat sie nie viel bedeutet, und der mit dem barbarischen Ungarn war lange äußerst gering. Der Verkehr auf ihr hat vom Ausgang des Mittelalters an bis ins 18. Jahrhundert nicht zu- sondern abgenommen, seitdem die Türken vordrangen.

Aber auch der Verkehr Triests mit dem Norden war bis ins 19. Jahrhundert hinein gering. Es konnte lange gegenüber dem benachbarten mächtigen Venedig nicht aufkommen und litt ebenfalls unter dem Vordringen der Türken. Erst die Aufhebung der Selbständigkeit Venedigs unter Napoleon und dann noch weit mehr die Eröffnung des Suezkanals hat die Bedeutung Triests für den Weltverkehr gehoben. Noch 1800 zählte Triest nur 29 000 Einwohner, ein Fünftel der Einwohnerzahl Venedigs. Erst 1890 hat es an Bevölkerungszahl seine Konkurrentin erreicht, seitdem allerdings sie rasch überholt. 1914 zählte man in Venedig 165 000 (ebensoviel wie 1563!), in Triest 246 000 Einwohner.

Die natürliche Gestaltung der Verkehrswege wirkte auf die Zusammenfassung Österreichs weniger durch ihre Bedeutung für den Handel als durch die für den Krieg ein. Dieser bedarf guter Verkehrswege nicht minder als jener. Was den Massentransport von Waren zu friedlichem Austausch erleichtert, gestattet auch den Massentransport von Soldaten, Pferden, Kriegsmaterial.

So unbedeutend das Donautal in den Gebieten Nieder- und Oberösterreichs für den Handel war, so wichtig wurde seine strategische Position.

Die Tiefebene der Donau lockte stets Reitervölker an, die sich zeitweise zusammentaten zu Plünderungszügen nach dem Westen. So die Hunnen im 4. und 5. Jahrhundert, die bis Frankreich vordrangen, so nach ihnen vom 6. bis zum 8. Jahrhundert die Avaren, denen im 9. Jahrhundert die Magyaren folgten, die ihrerseits seit dem 14. Jahrhundert immer mehr von den Türken bedrängt wurden. Die Straße, die alle diese Völker zogen, um das westliche Europa, vor allem Deutschland, zu verheeren, war die Donaustraße. Der Engpaß, in dem die Donau zwischen den Alpen einerseits, dem Böhmerwald sowie den Karpathen andererseits fließt, und der bei Preßburg sein Ende erreicht, war die Gegend, in der die sengenden und brennenden Scharen am ehesten aufzuhalten waren. Wien war der Kreuzungspunkt der Straßen, an dem die heraneilenden Hilfsvölker sich am ehesten treffen konnten.

Diese strategische Bedeutung hat Wiens Schicksal weit mehr beeinflußt, als der friedliche Handelsverkehr. Die Ostmark zum Schutz gegen die Ungarn, später gegen die Türken zu stärken, wurde eine wichtige Aufgabe der deutschen Kaiser. Als die kaiserliche Macht im Reiche verkam, blieb ihr fast als einzige praktische Aufgabe die Abwehr der Türken übrig. Nicht zum mindesten dem ist die sonderbare Erscheinung zuzuschreiben, daß seit dem Vordringen der Türken der Schwerpunkt des deutschen Reichs nach dem äußersten Osten verlegt wird. Die Herren von

Wien wurden von nun an regelmäßig deutsche Kaiser, von Albrecht II. an (1438—39), dessen wichtigste Tat während seiner kurzen Regierung ein Feldzug gegen die Türken war.

Die kriegerische Macht, welche die Herren Wiens zum Kampf gegen die Türken aufbieten mußten und die ihnen schließlich gestattete, Ungarn zu erobern, verwendeten sie natürlich nicht bloß in der Richtung nach Osten zur Ausdehnung ihres Gebiets, sondern auch nach anderen Richtungen auf den durch die natürlichen Bedingungen gewiesenen Wegen. So wurden die verschiedenen Glieder Österreichs schließlich zusammengeschweißt.

Doch das Haus Österreich ging über die durch jene Verkehrsbedingungen gezogenen Grenzen noch hinaus. Wir sehen hier ganz davon ab, daß es in Württemberg, im Elsaß Gebiete erwarb und Belgien gewann, sowie italienischen Besitz an sich zog. Aber auch von den Ländern innerhalb seines heutigen Umfanges liegen nicht wenige außer den hier dargelegten „natürlichen" Grenzen.

Eines davon ist das Verkehrsgebiet, das durch den Brennerpaß gebildet wird. Im allgemeinen wirken Gebirge als Grenzen, die Länder von einander abschließen. Die Alpen haben anders gewirkt. Auf ihrer Südseite lagen die Schätze des bis zur Renaissance so reichen und hochentwickelten Italiens, von dem aus die besten Straßen nach den Schätzen des Orients ausgingen. Auf der Nordseite lag das große nach diesen Schätzen verlangende deutsche Reich. Das bewirkte, daß trotz der ungeheuren Unwegsamkeit des riesigen Alpenwalles sich ein starker Verkehr über ihn ausbildete, der sich aber naturgemäß auf einige wenige, besonders gangbare Straßen konzentrierte. Gerade wegen der Unwegsamkeit des Gebirges im Allgemeinen gestaltete sich der Verkehr auf diesen wenigen Straßen, auf denen er sich zusammendrängte, besonders lebhaft und so bekamen die wichtigsten Alpenpässe eine stark verbindende Bedeutung. Auf der einen Seite wurde das Verkehrsgebiet der Schweiz um den Gotthardpaß herum aufge=

baut, auf der andern das Tirols um den Brennerpaß herum.

Das Tiroler Verkehrsgebiet stand aber in so gut wie gar keinem Verkehr mit dem übrigen Österreich. Durch seine natürlichen Verkehrsbedingungen kam Tirol in engste Beziehung zu Italien und Bayern, nicht aber zu Österreich. Trotzdem das Haus Habsburg Tirol schon 1363 erworben hatte, blieb sein Verkehr mit den andern Reichsteilen so gering, daß es noch im Jahre 1866 mit dem übrigen Reich durch keine Eisenbahn verbunden war. Die Militärtransporte, die während des damaligen Krieges von Österreich nach Tirol gingen, mußten den Weg über Bayern nehmen. Erst als Österreich aufgehört hatte, zum deutschen Bund zu gehören und es auf Venezien verzichten mußte, empfand es die Notwendigkeit, wenigstens zu strategischen Zwecken Eisenbahnen nach Tirol zu bauen. Wohl hatte das Land 1866 schon Eisenbahnen besessen. Sie führten aber nicht nach Österreich, sondern von Innsbruck nach Bayern, von Bozen nach Italien.

Natürlich wollten die Deutschtiroler nicht italienisch werden, aber auch nicht bayrisch, aus denselben Gründen, aus denen die Schweizer sich vom deutschen Reiche abgesondert hatten. Der Gebirgscharakter ihres Landes erzeugte ein starkes Absonderungs- und Selbständigkeitsbedürfnis, erzeugte in Tirol wie in der Schweiz dieselbe Mischung von Kantönligeist und engherzigem Partikularismus mit hartnäckigem Hängen an alten Formen, aber auch an alten Freiheiten. Wenn aber die Tiroler, im Gegensatz zu den Schweizern, die Habsburger nicht vertrieben, sondern ihnen aufs treueste anhingen, so rührte das daher, daß sie gerade von dieser Dynastie den kräftigsten Schutz ihrer Freiheiten und die Abwehr ihrer Gefährdung durch den bayrischen Absolutismus erwarteten, der weit drohender vor ihren Zugangsstraßen stand als der ferne Habsburgische in Wien. Auch die Schweizer haben zeitweise bei dem Absolutismus Frankreichs Schutz gegen den Absolutismus der im Elsaß so starken Habsburger gesucht. Anders als in der Schweiz schonten die Habsburger in Tirol stets die Eigenart des Landes und achteten seine lokalen Freiheiten. Sie richteten dort kein Zwinguri auf. Bis heute erfreut sich Tirol einer Sonderstellung im österreichischen Staate. Die Furcht vor den Bayern ist bei den Deutschtirolern wohl gewichen. Aber dafür ist seit 1859 und noch mehr seit 1866 ein starker italienischer Staat in bedrohliche Nähe gerückt. Die Tiroler werden Österreich treu anhängen, so lange es die militärische Kraft besitzt, das deutsche Sprachgebiet Tirols vor einer italienischen Annexion zu bewahren. Sie werden sich aber auch einen anderen Schutz gefallen lassen, wenn der österreichische versagt.

Ebensowenig wie Tirol wurden die andern hier noch nicht erwähnten Gebiete Österreichs durch irgendeine besondere auf natürlichen Ursachen beruhende Verkehrsgemeinschaft dem Staate der Habsburger näher gebracht. Sie kamen an Österreich nur wegen der Schwäche und des Zerfalls seiner Nachbarn. So war es die Auflösung Polens, die den Habsburgern 1772 den Besitz Galiziens verschaffte — um es davor zu retten, von Rußland verschluckt zu werden. Wie als Retter Polens, traten sie gleichzeitig als Retter der Türkei auf.

Im Jahre 1768 hatte Katharina II. von Rußland den Türken den Krieg erklärt und diese in arge Bedrängnis gebracht. Sie wandten sich um Hilfe an Österreich und schlossen mit ihm ein geheimes Schutz- und Trutzbündnis, das ihnen den Besitz der Moldau und Walachei garantierte (1771). Im Frieden von Kutschuk-Kainardschi (1774) erhielt auch der osmanische Staat die Moldau und Walachei zurück, die von den Russen besetzt worden waren. Kaum hatten diese das Land geräumt, besetzten österreichische Truppen seinen nordwestlichen Zipfel, die Bukowina (1775) und Österreich zwang die „Hohe Pforte", ihm dies Gebiet freiwillig abzutreten, um „einen unzweifelhaften Beweis von Freundschaft, Zuneigung und guter Nachbarschaft zu geben."

Es war fast genau hundert Jahre später, als

Österreich dies Spiel der Türkei gegenüber in wenig veränderter Form wiederholte bei der Okkupation Bosniens (1878).

Der dritte schwache, zerfallende Nachbar Österreichs neben Polen und der Türkei war Italien. Seit dem Mittelalter seufzte dieses unglückliche Land unter der Herrschaft von Fremden. Die Herren Spaniens, Frankreichs, schließlich Österreichs stritten um diese ebenso hilflose wie lockende Beute. Napoleon verwandelte Italien, soweit er es nicht direkt annektierte, in eine Reihe von ihm abhängiger Vasallenstaaten. Er machte dem Herzogtum Mailand ebenso ein Ende wie der Republik Venedig, zu deren Besitz Dalmatien gehörte, und dem italienischen Bistum Trient. Im Jahre 1797 trat er den größten Teil der letztgenannten Gebiete an Österreich ab, dem er sie mit Ausnahme des Trentino 1805 nach der Schlacht von Austerlitz wieder nahm. Im Jahre 1814 kamen sie dann für längere Zeit an die Habsburgische Monarchie. Das neuentstehende Italien hat die Lombardei und Venetien in den Kriegen von 1859 und 1866 an sich genommen. Das Trentino, Istrien und Dalmatien sind als Errungenschaften aus der Zeit der großen Revolution bis heute noch österreichisch geblieben. Keinerlei Verkehrsgemeinschaft hat sie zu Österreich gezogen.

Nicht auf einer, natürlichen Bedingungen entspringenden wirtschaftlichen Notwendigkeit beruht das österreichische Staatswesen, sondern auf der Macht seiner Armee und der Kraft der katholischen Kirche, diesen beiden wichtigsten Stützen der Dynastie. Dafür hat auch diese stets, mit der einzigen Ausnahme Josef II. die treuesten Söhne der Kirche gestellt. Und wenn es einen Punkt gab, an dem sie nicht rütteln ließen, war es die Einheit der Armee. Nach den Zusammenbrüchen von 1859 und 1866 kam Franz Josef den Ungarn in jeder Hinsicht entgegen. Er räumte ihnen im Staate die herrschende Stellung ein. Aber die Einheit der Armee gab er ihnen nicht preis. Das war der einzige Punkt, in dem er es auf einen offenen Konflikt mit ihnen ankommen ließ. Im

Feldlager des Generals Radetzky war 1848 allein noch Österreich zu finden.

Neben der Kirche und der Armee bildete das stärkste zusammenhaltende Band im Reiche bisher die Dynastie selbst. Gerade was den Staat am meisten zu gefährden schien, seine nationale Zerklüftung, wurde zunächst zu einem Mittel, die monarchische Gewalt und damit den Zusammenhalt der Monarchie zu stärken. Josef II. (1780—1790) hatte noch versucht, nach der im 18. Jahrhundert üblichen absolutistischen Schablone die mannigfachen Glieder des Reichs zu einem bureaukratisch=zentralistischen Einheitsstaat mit deutscher Staatssprache zu= sammenzuschweißen. Er war gescheitert, na= mentlich an dem Widerstand des ungarischen Adels.

Seit der französischen Revolution gesellten sich zu den reaktionären, partikularistischen Widerständen gegen den bureaukratischen Ab= solutismus die Ansätze zu moderner Demokra= tie, die unter dem Einfluß französischer und englischer Vorbilder und den Einwirkungen des beginnenden Kapitalismus, namentlich sei= nes Verkehrswesens, in Europa von West nach Ost sich fortpflanzten.

Doch in Österreich wurden sie geschwächt durch die Verschiedenheit der Nationen im Staate. Wohl wendeten sich die Demokraten aller Nationen gegen den Absolutismus, aber das auftauchende Streben nach nationaler Selbstbestimmung stieß gleichzeitig nicht bloß bei der Bureaukratie, sondern auch bei den Demokratien und Liberalen anderer Nationen auf Widerstände.

Hier setzten die Staatsmänner Österreichs ein. Um die aufkeimende Demokratie der ein= zelnen Nationen in ihrem Kampfe gegen die Bureaukratie zu schwächen, lenkten sie sie auf den Kampf gegen andere Nationen hin. Und anderseits, je schwächer die nationale Demo= kratie war, desto näher lag es ihr, nicht durch Kampf gegen die Staatsgewalt, sondern durch Gewinnung ihrer Gunst ihre Ziele zu errei= chen. Wenn die einen Nationen zur Dynastie hielten, weil sie aus ihren Händen Privilegien empfingen, so suchten die andern die Begünstigten an Loyalität und Servilität noch zu überbieten, um dadurch die Gunst des Monarchen auf sich abzulenken.

Wie sonst ein Gleichgewicht der Klassen die Monarchie stärkt, geschah es in Österreich durch das Gleichgewicht der Nationen, von denen keine die andern so weit überragte, daß sie aus eigener Kraft sich hätte gegen die andern behaupten können.

Es bedurfte allerdings eines sehr geschickten Jonglierens, um den Gleichgewichtszustand dauernd aufrecht zu halten. Es war unmöglich, dabei auch nur eine der Nationen dauernd zu befriedigen, die Gegensätze unter ihnen mußten wachsen und den Bestand des Staates untergraben.

Doch so weit sahen Österreichs Staatsmänner nicht. Ihre Kurzsichtigkeit ist kein Zufall. Österreichs Verhältnisse seit Josef II. Tode sind der Art, daß kein weiter schauender Politiker sich darauf eingelassen hätte, den Staat zu lenken und zu regenerieren. Nur solche wagten sich an die Aufgabe, denen es genügte, wenn es ihnen gelang, ihn für den Augenblick zu flicken und im Gange zu halten. Das Wort des Grafen Taaffe vom Fortwursteln war kennzeichnend nicht bloß für diesen Minister, sondern für die ganze österreichische Staatskunst von Metternich an.

Trotz der Geschicklichkeit im Kleinen verschärften sich in den letzten Jahrzehnten die nationalen und sozialen Gegensätze immer mehr, die Methode des Fortwurstelns begann zu versagen. Aus dieser Verlegenheit sollte der Krieg gegen Serbien helfen, der sicher nicht als großer, vernichtender Weltkrieg gedacht war, sondern als lokales Auskunftsmittel, für die Politik des Fortwurstelns einen neuen Boden zu gewinnen.

Wie der „liberale" Minister des französischen Kaiserreichs, der am 15. Juli 1870 erklärte, daß er „leichten Herzens" die Verantwortung für den Krieg übernehme, mußten auch die Olliviers des jetzigen Weltkriegs erleben, daß er ihnen über den Kopf wuchs, daß seine Verwüstungen und Katastrophen unerhörte Dimensionen annahmen, wobei alle Bande gelockert wurden, die Österreich bisher zusammenhielten. Noch immer versuchte man es mit den alten Mittelchen des Fortwurstelns, aber sie stellten nur noch die letzten Zuckungen einer absterbenden Vergangenheit dar. Jetzt hat Kaiser Karl selbst anerkannt, daß die Zeit des Fortwurstelns vorbei ist. Neue staatenbildende Kräfte sind entfesselt, große Ziele allein können sich noch durchsetzen.

Österreichische Nationalitäten.

Jeder Nationalitätenstaat leidet unter der Schwierigkeit, daß nur eine Sprache die des Staates und der Politik sein kann und daß dadurch, selbst bei völliger Rechtsgleichheit, jene Nationalitäten benachteiligt werden, die nicht die herrschende Sprache sprechen. Die Schwierigkeit mag überwunden werden dort, wo der Staat nur aus zwei Nationalitäten besteht, deren Sprache jeder zu erlernen vermag, wo zwei Staatssprachen nebeneinander bestehen können, wie in Belgien. Sie ist unüberwindlich in Staaten mit einer größeren Anzahl Nationalitäten, wie in Österreich, Rußland, der Türkei.

Dabei sind die beiden letztgenannten doch wieder nationale Staaten insofern, als eine Nation in ihnen über alle andern überwiegt und den Charakter des Staates bestimmt. Nach dieser Nation sind sie genannt und sie vermag den Staat als Nationalstaat weiter zu erhalten, wenn auch die andern Nationen sich von ihm loslösen.

Ganz anders in Österreich. Es bestand nur im Zusammenhang seiner Nationen. Es hörte auf zu bestehen, sobald sie auseinander gingen. Die Deutschen bildeten bisher die führende Nation in Österreich. Aber sie allein vermöchten den österreichischen Staat nicht weiterzuführen.

In der Türkei machen die Türken ungefähr die Hälfte der Bevölkerung aus. Ebensoviel die Großrussen im Gebiet des bisherigen Rußland.

Beim letzten Zensus 1897 zählten sie 62 Millionen von 125 Millionen. Nur Kleinrussen (22 Millionen) und Polen (8 Millionen) kamen neben ihnen im europäischen Rußland noch als große Nationalitäten in Betracht. Von den andern überschreitet keine die Zahl von drei Millionen, die meisten blieben weit hinter ihr zurück. Anders in Österreich. Man zählte dort 1910 in Millionen

	Österreich	Ungarn	Zus.
Deutsche	10.0	2.0	12.0
Ungarn	0.3	10.0	10.3
Tschechoslovaken	6.4	2.0	8.4
Polen	5.0	—	5.0
Ruthenen	3.5	0.5	4.2
Slovenen	1.3	—	1.3
Serbokroaten	0.8	2.9	3.7
Rumänen	0.3	2.9	3.2
Italiener	0.8	—	0.8
zusammen	28.4	—	48.7

Dazu kommt noch Bosnien mit rund 2 Millionen Einwohnern, fast ausschließlich Serbokroaten.

Die Deutschen bilden wohl die zahlreichste unter den Nationalitäten des Reichs, aber doch weniger als ein Viertel der Bevölkerung des Gesamtstaats und selbst in Österreich im engeren Sinne nur etwas über ein Drittel. Am zahlreichsten sind die Slawen, fast 23 Millionen, beinahe die Hälfte der Gesamtbevölkerung. Im eigentlichen Österreich bilden sie mit 16 Millionen von 28 Millionen die große Mehrheit der Bevölkerung. Aber freilich, die Slawen stellen keine einheitliche Nationalität dar.

Auf jenem Mangel einer alle andern zusammen überwiegenden Nationalität, auf der Möglichkeit, stets durch Berücksichtigung augenblicklicher kleiner Sonderinteressen einzelne Nationalitäten zu einer Mehrheit zu kombinieren und gegen die andern auszuspielen, beruhte jene Politik des Fortwurstelns, die wir als eine spezifisch österreichische schon kennen gelernt haben.

Doch nicht dadurch allein unterscheidet sich das nationale Gefüge Österreichs von dem

Rußlands, sondern noch viel mehr dadurch, daß außer den Tschechen und Madjaren (oder Ungarn) keine der Nationalitäten in ihrer Gesamtheit im Reiche wohnt. Im alten Rußland (dem europäischen) lebten alle seine Nationalitäten in ihrer Gesamtheit innerhalb der Reichsgrenzen, außer Polen und Kleinrussen (oder Ukrainern, wie man heute sagt).

Bei den Nationalitäten Österreichs wurde die Sache noch verschlimmert dadurch, daß bei den meisten ihre Mehrheit und ihr Schwerpunkt außerhalb des Reiches lag.

Man zählt in Millionen (rund)

	außerhalb Österr.	in Österr.
Deutsche	60	12
Polen	15	5
Kleinrussen (Ruthenen)	26	4
Jugoslawen	3	7
Rumänen	6	3
Italiener	36	1

Also nur von den Jugoslawen (Serben, Kroaten, Slowenen) lebte der größte Teil der gesamten Nationalität in Österreich. Das würde auch gelten, wenn man die Serbokroaten allein rechnete und von den Slowenen absähe.

Mit dem Aufkommen der modernen Demokratie, dem Streben der Nationen und Nationalitäten nach Selbstbestimmung, nach Bildung der Nationalstaaten tritt auch die Tendenz auf, alle Teile einer Nationalität in dem gleichen Staate zu vereinigen. Doch sind beide Tendenzen nicht notwendig miteinander verbunden. Wohl bietet unter sonst gleichen Umständen ein Staat seinen Bewohnern um so größere Vorteile, je ausgedehnter er ist. Nicht bloß seine Machthaber, deren Macht von der Größe des Staates abhängt, sondern auch seine arbeitenden Klassen haben Vorteile davon. Auch die Selbstbestimmung einer Nation hat um so eher Aussicht, sich zur Geltung zu bringen, je größer ihr Staatswesen ist. Doch diese Faktoren sind mit dem Drang der arbeitenden Klassen nach Demokratie nicht unzertrennlich verbunden. Ein anderer Staat mag ihnen unter Umständen mehr Sicherheit, Wohlstand und auch mehr

Freiheit gewähren, als irgendeiner der Nachbarn, auch als der eigene Nationalstaat. In einem solchen Falle werden sie nicht nach diesen streben, sondern das Verbleiben in dem bisherigen Staate vorziehn. Und auch für die herrschenden Klassen einer Nationalität können Umstände eintreten, die das Streben nach Einigung der Nation in ihr lähmen. Dieses Streben ist daher keineswegs so allgemein, wie das nach demokratischer Selbstbestimmung im Staate, und mehr von wechselnden historischen Verhältnissen abhängig.

Unter den Nationalitäten Österreichs war die italienische diejenige, die zuerst und am leidenschaftlichsten eine Irredenta bildete, eine unerlöste, nach Erlösung und Loslösung vom österreichischen Staatsverband drängende Bevölkerung. Je mehr es den italienischen Brüdern gelang, das Joch der Fremdherrschaft abzuwerfen, je größer und demokratischer der italienische Staat wurde, um so dringender ersehnten die Zurückbleibenden die Vereinigung mit dem aufblühenden Nationalstaate.

Weniger zentrifugal fühlten lange Zeit die Südslawen, die Rumänen, Ruthenen und Polen.

So lange die österreichischen Südslawen nicht an ein freies und selbständiges Serbien grenzten, sondern an die Türkei, sahen sie in Österreich nicht den Unterdrücker, sondern den Schützer. Und in gleichem Lichte erschien es ihnen gegenüber den Italienern an der Adriaküste, wo die städtische Bourgeoisie italienisch war und die Slawen die Bauernschaft und das Proletariat bildeten, die von dem Vordringen und Erstarken der Italiener vermehrte Ausbeutung und Unterdrückung befürchteten.

Allerdings, als auf den Trümmern der Türkei ein starkes und im Verhältnis zu Österreich freies Serbien emporstieg, da wurde es das Ziel der nationalen Sehnsucht der Südslawen Österreichs. Sie hörten immer mehr auf, im Kaiserstaat ihren Schützer zu sehen. Die Serben und später auch die Kroaten begannen nun aus den treuesten Untertanen Österreichs zu Hochverrätern zu werden.

Eine ähnliche Wandlung vollzog sich durch

den Zusammenbruch der Türkei unter den Rumänen in und um Siebenbürgen, so weit sie überhaupt zu politischem Leben erwachten. Bis dahin hatten Rumänen wie Südslawen die Gewährung ihrer nationalen Selbstbestimmung von der Hofburg in Wien erwartet oder von einem demokratischen Ungarn. Dieses gewann Anziehungskraft sogar für die außerhalb Österreichs lebenden Rumänen und Südslawen. Als Kossuth 1848 die Loslösung Ungarns von Österreich betrieb, wußte er wohl, daß Ungarn für sich allein, ohne Zugang zum Meer, schlechte Aussichten habe. Er proklamierte daher als sein Ziel die D o n a u f ö d e r a t i o n , die Verbindung Ungarns mit Rumänien und Serbien zu einem Staatenbund.

Als 1859 Napoleon im Bunde mit Viktor Emanuel gegen Österreich vorging, suchte er sich der ungarischen Emigranten unter Kossuths Führung zu bedienen. Sie sollten Aufstände in Ungarn hervorrufen. Klapka schloß zur Förderung dieses Zweckes eine Konvention mit Cuza, dem Fürsten der Moldau und Walachei ab, wonach dieser die aufständischen Bestrebungen unterstützen solle. Im Artikel 7 der Konvention wurde ausdrücklich als Ziel der Erhebung „die Konföderation der drei Donaustaaten: Ungarn, Serbien und die Moldau-Walachei angegeben. Der serbische Fürst Michael Obrenowitsch kam im Mai 1859 nach Paris, um mit Napoleon und Kossuth zu verhandeln. Auch da kam man zu einer Verständigung auf der Basis der Donaukonföderation. (L. Kossuth, meine Schriften aus der Emigration, I, 417, 437.)

Ähnliche Pläne können auch jetzt wieder auftauchen. Die Jugoslawen wie die Rumänen könnten ihre nationale Einigung nicht nur auf dem Wege der Balkanföderation, sondern auch auf dem der Donauföderation erreichen. Aber sie hatten bisher noch ein näherliegendes Ziel nationaler Einigung im Rahmen des alten Österreich selbst. Und das suchten sie nicht im Bunde mit Ungarn, sondern auf dessen Kosten zu erreichen. Die Teilung in Ungarn und Österreich, die Teilung Ungarns in Ungarn und Kroatien und dabei noch die Angliederung Bosniens als besonderes Reichsland hatten die Serbokroaten Österreichs in vier verschiedene Teile gespalten: Dalmatien gehörte zu Österreich im engeren Sinn; ein Teil der Serbokroaten wohnte im eigentlichen Ungarn, ein Teil in Kroatien, ein anderer in Bosnien. Die Vereinigung dieser vier Teile zu einem Ganzen wird von den Südslawen schon lange verlangt. Jellatschitsch, der Banus von Kroatien stellte diese Forderung bereits 1848 auf. Er hoffte, ihre Gewährung vom Wiener Hof als Entgelt für die Dienste zu erhalten, die er diesem bei der Niederwerfung der rebellierenden Ungarn und Deutschen leistete. Darin sah er sich betrogen. Die Regierung der Gegenrevolution hatte nicht die Absicht, irgend etwas zu gewähren, was wie eine Konzession an irgendeine nationale Revolution aussah, irgendeine Nation gekräftigt hätte.

Jellatschitsch selbst hätte wissen können, wie viel Vertrauen die Kamarilla verdiente. Im Juni 1848, als der Hof, von allen Seiten bedrängt, nach Innsbruck geflohen war, erklärte er, um die Ungarn zu befriedigen, Jellatschitsch für einen Hochverräter und Rebellen. Gleichzeitig schickte diesem aber der Kriegsminister Latour heimlich Waffen und Geld, um den kroatischen Aufstand gegen die Ungarn zu fördern. Der Rebell selbst schlich verstohlen nach Innsbruck, um von der damals allmächtigen Erzherzogin Sophie zu hören, ihr Herz sei mit ihm. Im August war dann durch Radetzkys Siege in Italien der Mut bei Hofe so gestiegen, daß er nach Wien zurückkehrte, die Maske abwarf, den Ungarn den Krieg erklärte und Jellatschitsch mit Gunstbezeugungen überhäufte.

Dies ein Beispiel der Grundsätze, von denen die österreichische Nationalitätenpolitik sich leiten ließ.

Wie die Südslawen sind auch die Rumänen Österreichs heute durch Ungarns Sonderstellung geteilt, ein Teil gehört zu Ungarn, ein Teil zur Bukowina und damit zu Österreich. Auch sie verlangten schon in der Revolutionszeit die Aufhebung dieses Verhältnisses und die Herstellung eines rumänischen Nationalstaates innerhalb Österreichs, allerdings etwas verspätet, erst im Januar 1850. Da hatten sie auf kein Gehör mehr zu rechnen.

Aber man sieht, die Nationalitätenprogramme von heute sind nur die Ausführung des Vermächtnisses der ersten österreichischen Revolution.

Die Polen.

Eigenartig wurde die Stellung Galiziens in Österreich. Sein westlicher Teil wird ausschließlich von Polen bewohnt. In seinem östlichen Teil bilden den Kern der überwiegend bäuerlichen Bevölkerung die Ruthenen, auf denen eine dünne Oberschicht polnischer Großgrundbesitzer und Städter (namentlich in Lemberg) lastet.

Das Land ist agrarisch und wird bis heute vom polnischen Adel beherrscht. Gehörten doch 1900 in Galizien nur 9 Prozent der Bevölkerung zur Industrie. Noch 1908 waren im galizischen Landtag 65 Prozent der Abgeordneten Großgrundbesitzer. Die Bauern sind so abhängig, daß auch sie Adlige wählen. 1902 wurden in der Bauernkurie 42 Großgrundbesitzer zum Landtag gewählt.

So lange die Polen hofften, im Aufstande gegen die Mächte, die ihr Vaterland aufgeteilt hatten, seine Einigung und Selbständigkeit wieder zu gewinnen, bildeten sie ein ebenso rebellisches Element in Österreich wie in Rußland und Preußen. Wenn Polen 1848 verhältnismäßig ruhig blieb, lag das wesentlich daran, daß es dort vorzeitig, schon 1846, zu einem revolutionären Ausbruch gekommen war, der blutig niedergeschlagen wurde, nicht bloß durch die Armee, sondern auch, in Ostgalizien, durch einen wütenden Bauernkrieg, an dem die kaiserliche Bureaukratie keineswegs unschuldig war. Es war in jenen Tagen nicht das einzigemal, daß die kaiserliche Macht gegenüber einem rebellischen Adel durch eine Bauernerhebung gestützt wurde. Wie die Ruthenen sich gegen den aufständigen polnischen Adel 1846, erhoben sich 1849 die Rumänen gegen ihre ungarischen

Grundherren in Siebenbürgen. Auch dieser Bauernkrieg nahm von beiden Seiten einen höchst grausamen Charakter an.

Blieb Galizien 1848 ruhig, so spielten doch polnische Kämpfer in der Revolution eine hervorragende Rolle, sowohl in Wien wie in Ungarn.

Der Zusammenbruch der Revolution begrub auch die polnischen Hoffnungen. Doch das Wiederaufleben der Demokratie in ganz Europa anfangs der sechziger Jahre wirkte auf die Polen zurück. Noch einmal erhoben sie sich zum Aufstand, in Rußland 1863. Ihre Niederlage brach ihre Kraft. Der polnische Adel verabschiedete endgültig den Gedanken an eine revolutionäre Erhebung. Bald darauf erlitt das System des bureaukratischen Absolutismus in Österreich seine entscheidende Niederlage im Kriege von 1866. Österreich wurde nun im Vergleich zu Rußland ein freier Staat. Der neue Liberalismus, getragen von den Deutsch-Österreichern, hatte aber eine so schmale Basis, daß er eine Unterstützung anderer Nationalitäten brauchte. Er suchte sie bei seinem Bundesgenossen von 1848, den Ungarn und Polen, und nahm keinen Anstoß daran, daß es der Adel jener Nationalitäten war, dem er auf diese Weise in den Sattel verhalf. Wenn die Wiener Gegenrevolution durch die Aufstände ruthenischer, rumänischer, serbischer Bauern ihre Siege errang, warum sollte der Wiener Liberalismus nicht mit den galizischen Schlachzizen und madjarischen Magnaten paktieren? Galizien bekam eine Sonderstellung, die Ruthenen wurden den Polen ausgeliefert.

So erklärt sichs, daß es in Galizien zu einer polnischen Irredenta nicht kam. In keinem der drei Staaten, die Polen geteilt hatten, gedieh der polnische Adel so gut, in keinem erlangte er solchen Anteil an der Beherrschung des Gesamtstaates, wie in Österreich.

Dabei blieben aber auch die Ruthenen gute österreichische Patrioten. Wenn sie zu wählen hatten zwischen Österreich oder einem selbständigen Polen oder einem zaristischen Rußland, das ihre Nationalität ebenso unterdrückte wie jedes andere seiner Völker, mußten sie sich für Österreich entscheiden, denn so schwächlich der Schutz war, den sie von Wien aus empfingen, er war doch besser als die schrankenlose Unterdrückung durch den russischen Zaren oder die polnische Schlachta.

Die russischen Versuche, eine ruthenische Irredenta in Österreich zu schaffen, hatten nur geringen Erfolg, trotz des Aufwandes großer Geldmittel.

Die Situation änderte sich durch die russische Revolution, März 1917, die im polnischen wie im ukrainischen Volke die größten Erwartungen wach rief und beide zu den kühnsten Forderungen anregte. Diese Revolution war nicht vorausgesehen worden, als im November 1916 die Regierungen Deutschlands und Österreichs die Selbständigkeit Russisch-Polens verkündeten. Sie hofften damit bloß den russischen Zarismus zu schwächen, sahen nicht voraus, welche Begehrlichkeiten sie wachrufen mußten.

Noch kurzsichtiger war freilich die Haltung mancher Mitglieder der deutschen Sozialdemokratie.

Im August 1915 beriet die sozialdemokratische Reichstagsfraktion über die Kriegsziele. Referent war David. Seine Auffassung bekundete er unter anderem durch folgenden Passus der von ihm der Fraktion vorgelegten Leitsätze:

„Die Zusammenfassung der eroberten russisch-polnischen Gebiete zu einem selbständigen, mit Deutschland und Österreich-Ungarn verbündeten Staatswesen brächte dem schwergeprüften polnischen Volke die Erfüllung seiner nationalen Wünsche und wäre die beste militärische Sicherung unserer Ostgrenzen."

Nehmen wir dazu noch die andern Sätze der Davidschen Kriegsziele, die die Unantastbarkeit des „territorialen Machtbereichs" Deutschlands, Österreichs, der Türkei aussprachen, dann haben wir die schlagendsten Beweise für den politischen Scharfsinn, der 1915 die Politik der sozialdemokratischen Mehrheit leitete.

Die Polen haben unseren Sozialdemokraten nicht den Gefallen erwiesen, die „Erfüllung ihrer nationalen Wünsche" in einem Staatswesen zu sehn, das bloß die dem russischen Reich abgenommenen polnischen Gebiete umfassen und dessen Selbständigkeit in einer Weise gestaltet werden sollte, die des deutschen Reichs Ostgrenze „militärisch sicherte".

Indessen haben die Elemente, die von polnischer Seite bisher vornehmlich zum Wort kommen konnten, gerade auch nicht sehr in Grundsatztreue geschwelgt. Je nach der Kriegslage haben sie die verschiedensten Lösungen gesucht und von verschiedenen Grundsätzen jedesmal den zur Anwendung gebracht, der augenblicklich der profitabelste schien. So stellen sie Preußen gegenüber den Grundsatz der Selbstbestimmung des Volkes auf. Ganz anders in Österreich. Da wollten viele die Oberherrschaft über die Ruthenen nicht aufgeben, beanspruchten das ganze Galizien, entwender aus Gründen des historischen Rechts oder Gründen des Eigentumsrechts, weil alles Gebiet, das polnischen Grundbesitzern gehört, polnisches Gebiet ist, möge es auch von Nichtpolen bewohnt und bearbeitet werden.

Gegen derartige Auffassungen muß die internationale Sozialdemokratie entschieden protestieren. Sollten die Polen ein Großpolen über das nationale Polen hinaus schaffen wollen, so wäre hier eine Aufgabe für den Friedenskongreß und die zu schaffende Völkerliga gegeben, schiedlich-friedlich einzugreifen und zu verhindern, daß die polnischen Irredentas in einer Weise aufgehoben werden, die neue Irredenten erzeugen müßte.

Sehr erleichtert würde dies, wenn das arbeitende Volk Russisch-Polens Gelegenheit bekäme, das Wort zu ergreifen. Im ehemals russischen Polen hat sich die Industrie weit stärker entwickelt, ist aber auch der Bauer dem Adligen gegenüber weit selbständiger, als in Galizien. Die polnischen Herrschaftstendenzen wurden zum Teil, wie in jeder Nation und Nationalität, von Intellektuellen getragen, zum überwiegenden Teil aber entspringen sie Bedürfnissen des großen Grundbesitzes.

Wird dessen Herrschaft gebrochen, dann nimmt das polnische Problem weniger verwickelte und weniger agressive Formen an. Die Aufhebung der Herrschaft des Großgrundbesitzes liegt aber seit der russischen Revolution auf dem Wege der nächsten Entwicklung ganz Osteuropas. Sie wird vor Polen ebensowenig Halt machen wie vor Ungarn und Rumänien.

Die nationalen Herrschaftsverhältnisse in Österreich sind zu großem Teil soziale Herrschaftsverhältnisse. Jene können nicht aufhören, ohne daß auch diese sich grundlegend wandeln und umgekehrt.

Nicht nur in nationaler, auch in sozialer Beziehung wird jetzt vollendet werden, was die Revolution von 1848 angestrebt hat. Aber es wird vollendet unter weit höheren ökonomischen und politischen Bedingungen. Mag die jetzige Revolutionierung Österreichs nur eine bürgerliche sein, sie bereitet den Boden vor für eine Revolution des Proletariats.

Die Deutschen in Österreich.

Die ökonomisch höchstentwickelte unter den Nationalitäten Österreichs ist die deutsche. Bei ihr bildete sich unter dem Einfluß der Ideen der französischen Revolution zuerst ein starkes nationales Empfinden in modernem Sinne, das nicht nur die Selbstbestimmung des Volkes, sondern auch die Überwindung der nationalen Zerrissenheit aufs leidenschaftlichste forderte. Nicht bloß die bürgerlichen Politiker, sondern auch die Sozialisten verfochten dies Ziel mit aller Kraft, von Marx, Engels, Lassalle bis Bebel und Liebknecht. Sie strebten es an als großdeutsche Republik. Da kam das Jahr 1866 und wies die Deutsch-Östereicher aus dem deutschen Bunde aus, und gleich darauf vereinigte sich der übrige Teil der deutschen Nationalität durch glänzende Siege zu einem machtvollen Nationalstaat. War es denkbar, daß die Deutschen Österreichs sich auf die Dauer die Ausschließung aus diesem Staate gefallen ließen?

Mußten sie nicht mit aller Macht von Österreich weg nach dem deutschen Reiche streben? Allgemein war damals die Anschauung verbreitet, der Abfall der Deutschen von Österreich und damit dessen Auflösung sei in kürzester Zeit zu erwarten. Doch diese Erwartung trog. Es bildete sich keine deutsche Irredenta. Die Deutschen blieben nach wie vor die Staatsnation des Nationalitätenstaats, seine treuesten Patrioten. Und wenn sie heute anders zu denken anfangen, geschieht es nur der Not gehorchend, nicht dem eigenen Triebe.

Woher diese Erscheinung?

Sie erklärt sich aus der eigenartigen Stellung der Deutsch-Österreicher.

Wir haben bereits mehrfach von der Verlegung der Handelswege gesprochen, die im Zeitalter der Entdeckungen durch das Vordringen der Türken einerseits, die Entdeckung Amerikas und des Seewegs nach Ostindien andrerseits herbeigeführt wurde. Die Entwicklung ganz Deutschlands wurde dadurch ebenso gehemmt, wie die Englands gefördert, am meisten aber litten dabei die östlichen Teile, Ostelbien und Deutsch-Österreich. Letzteres wurde in seiner Entwicklung noch mehr zurückgehalten als jenes, denn es lag der asiatischen Barbarei des Türkentums am nächsten, und ihm fehlte die belebende Kraft des Meeres, die Ostelbien aus der Ostsee schöpfte.

Ostpreußen kam auf diesem Wege in regen Verkehr mit England, der ein leuchtendes Symbol in dem großen Königsberger Weisen fand, dessen Familie aus Schottland stammte. Kants Vater schrieb sich noch Cant. Derartige Beziehungen kannte Deutsch-Österreich nicht, es wurde zum rückständigsten Teil der deutschen Nation, von ihr verlacht wegen seines gedankenlosen Phäakentums.

Wenn die Deutsch-Österreicher unter den Deutschen etwas bedeuteten, so glaubten sie das nur dem Umstand zu verdanken, daß sie das Volk des deutschen Kaisers waren. Durch die herrschende Stellung der Habsburger im deutschen Reich fühlten sie sich selbst gehoben. Wer diese angriff, war auch ihr Feind. Daher ihr Haß gegen die Hohenzollern und die Preußen, so lange diese die Stellung der Habsburger im Reiche herabdrückten oder gar bestritten.

Die Habsburger aber vermochten diese Stellung nicht zu behaupten durch die Machtmittel, die das Reich ihnen bot, die waren gleich Null; sondern nur durch die Machtmittel ihrer Hausmacht, der österreichischen Monarchie, durch die Herrschaft über Slawen, Madjaren, Italiener. Auch hier sahen sich die Deutsch-Österreicher erhoben durch die Herrschaftsstellung der Habsburger, denn der Regierungsapparat war deutsch. So fühlten die Deutschen Österreichs nach Osten wie nach Westen hin ihre politische und soziale Geltung und ihr ökonomisches Gedeihn in engster Abhängigkeit von der Machtstellung der Habsburger.

Daran änderte sich nicht viel, als das alte römische Reich deutscher Nation in den Stürmen der französischen Revolutionskriege zusammenbrach und an seine Stelle 1815 der deutsche Bund trat, mit dem Kaiser von Österreich als Vorsitzenden. Dieser Bund beseitigte nicht die Zersplitterung der Kleinstaaten, sondern verewigte sie und damit die Ohnmacht der deutschen Nation. Eine starke Zentralgewalt wurde notwendig, die verschiedenen Bundesglieder zu einem Nationalstaat zusammenzuschweißen. Diejenigen, die nicht eine deutsche Einheitsrepublik wollten, suchten diese Zentralgewalt bei einem mächtigen deutschen Monarchen. Nur zwei Dynastien kamen in Betracht, die der Habsburger und der Hohenzollern. Doch nur diese beherrschten ein fast ganz deutsches Land; im Reiche der Habsburger überwogen die Nichtdeutschen. Es ging nicht an, die ganze Habsburgische Monarchie dem deutschen Nationalstaat einzuverleiben. Die Deutsch-Österreicher aber wollten von ihr nicht lassen.

So wendete sich die Mehrheit des deutschen Volkes, namentlich nach den Siegen von 1866, der preußischen Führung zu. So wurde es aber auch unvermeidlich, daß mit den Habsburgern die Deutsch-Österreicher aus dem neubegründeten Nationalstaat ausgeschlossen wurden.

Trotzdem blieben sie auch weiterhin Habsburg treu. In dem neuen deutschen Reiche wären sie an die letzte Stelle herabgedrückt, Wien aus einer Kaiserstadt eine Provinzstadt geworden. Dagegen fuhren sie fort, in der Habsburgischen Monarchie an erster Stelle zu stehen. Freilich mußten sie auch da seit 1866 noch manche schmerzliche Erfahrung machen. Wir haben schon gesehen, daß sie auf die Herrschaftsstellung in Ungarn und Galizien verzichten mußten. Aber immerhin. Bildeten sie in der deutschen Nation schon den rückständigsten Teil, so stellten sie im österreichischen Nationalitätenstaat dessen höchstentwickelte Nationalität dar, intellektuell und ökonomisch. Und diese Überlegenheit wich nur langsam. Das Deutsche blieb die Sprache des Hofes, der Armee, der höheren Bureaukratie. Es war die bevorzugte Sprache des Reichsrats, die auch die nichtdeutschen Parlamentarier gebrauchen mußten, wenn sie zu den Zuhörern und nicht bloß für das Protokoll reden wollten. Es ist die Sprache des internationalen Verkehrs im ganzen Reiche.

Wie sehr die deutschen Intellektuellen teils durch die Gesetzgebung oder die Verwaltung, teils aber auch durch die bloße Macht der Verhältnisse bisher noch in Österreich bevorzugt waren, zeigt ein Bild auf die Statistik der Universitäten. Die Deutschen verfügten über fünf Universitäten, die Tschechen über eine, die Polen über zwei. Die anderen Nationen gingen ganz leer aus. Die Deutschen verfügten 1913/14 bei einer Gesamtbevölkerung von 10 Millionen über 1370 Professoren und Privatdozenten, die Tschechen bei einer Bevölkerung von $6^1/_2$ Millionen über 249. Besser waren die Polen dran: bei einer Bevölkerung von 5 Millionen lehrten an ihren beiden Universitäten 387 Lehrer.

Auch bei der Wahlkreiseinteilung waren bisher die Deutschen bevorzugt.

Auf je ein Mandat kamen nach Rauchberg (Die statistischen Unterlagen der österreichischen Wahlreform, 1907) durchschnittlich Staatsangehörige

```
Deutsche    . . . . . . 37 377
Tschechen   . . . . . 52 729
Polen       . . . . . . . 46 335
Ruthenen    . . . . . 95 748
Slovenen    . . . . . 44 708
Kroaten     . . . . . 47 577
Rumänen     . . . . . 40 500
Italiener   . . . . . 34 147
```

Am schlimmsten kamen also die Ruthenen weg. Nur die Italiener waren besser dran. Aber nicht den Deutschen, sondern den Slawen gegenüber. In Tirol kamen auf 28 556 Deutsche ein Mandat, dagegen bei den Italienern nur auf 38 044 eines. Umgekehrt in Görz und Gradiska. Da erhielten die Italiener ein Mandat auf 26 833 Köpfe, dagegen die Slovenen nur eines auf 43 166.

Nicht minder wichtig wie ihre intellektuelle und politische Vormachtstellung wurde für die Deutschen Österreichs ihre wirtschaftliche Überlegenheit. Der industrielle Kapitalismus war bei ihnen am stärksten entwickelt, sie stellten die Mehrheit der Kapitalistenklasse.

Nach der letzten österreichischen Berufs= zählung, deren Resultate bekannt geworden sind, der von 1900, bildeten die Deutschen, die nur etwas über ein Drittel der Gesamtbevölke= rung Österreichs ausmachen, in der Industriebe= völkerung die Hälfte. Noch relativ zahlreicher als die industriellen Arbeiter, sind die Kapita= listen unter den Deutschen; sie beuten nicht bloß Deutsche aus, sondern auch Arbeiter an= derer Nationalitäten. In deutschen Händen ist der Löwenanteil des Kapitals, also auch des Mehrwerts. Das erhellt schon aus folgenden Zahlen über die direkten Steuern, die wir der schon zitierten Rauchbergschen Schrift ent= nehmen. Im Jahre 1904 entfielen von dem Ge= samtbetrag der direkten Steuern 324,2 Millionen Kronen, fast zwei Drittel, 205,6 Millionen auf die Deutschen, die doch in der industriellen Be= völkerung nur die Hälfte und in der Gesamt= bevölkerung ein Drittel ausmachen. Es kommen durchschnittlich

auf einen	Steuerkronen
Deutschen	22,4
Italiener	11,9
Tschechen	10,5
Slowenen	7,8
Polen	5,1
Rumänen	4,6
Serbokroaten	3,6
Ruthenen	3,5

Auch hier wieder erweisen sich die Ruthenen als am schlechtesten gestellt. Die Deutschen sind allen andern weit voran, auch den vorwiegend bürgerlichen Italienern. Die deutschen Kapitalisten gediehen nicht zum wenigsten deshalb, weil ihnen der große innere Markt der überwiegend agrarischen nichtdeutschen Bevölkerung Österreichs zur Verfügung stand. Dazu kommt, daß in jedem Großstaat die Hauptstadt der Punkt ist, in dem die im ganzen Reiche produzierten Mehrwerte mit Vorliebe zusammenströmen und sich akkumulieren. Die Hauptstadt Österreichs, die auf diese Weise durch die Arbeit des ganzen Staates groß wurde, war eine deutsche Stadt, Wien.

Auch dafür sind bezeichnend die Zahlen der Steuerstatistik. Während im Durchschnitt auf einen Staatsangehörigen in Österreich 12,6 Kronen direkte Staatssteuern kamen, betrug die Ziffer dieser Steuern pro Kopf in Niederösterreich mit Wien 40,5 Kronen. Die nächstreichen Kronländer sind deutsche, Salzburg, mit 14,4, Oberösterreich mit 14,1, die Steiermark mit 13,0 Kronen. Dann kommen Böhmen mit 12,4 und Mähren mit 12,0 Kronen. Am ärmsten sind der slawische Norden und Süden, die Bukowina (4,9), Galizien (4,3), Dalmatien (3,4).

Es waren also nicht bloß Rücksichten des Prestiges, sondern auch sehr reale Interessen, die die Deutschösterreicher an Österreich fesselten und dort keine deutsche Irredenta aufkommen ließen, wenn auch zeitweise slawisches Vordringen Ansätze dazu erzeugte. So 1882 im Linzer Programm der Deutschnationalen.

Nicht eine deutsche Irredenta wurde durch das Erstarken der Slawen in Österreich hervor=

gerufen, sondern nur eine Politik der Bündnisse mit den antislawischen Elementen. Nicht zum mindesten daher die Verständigung mit den Ungarn, und dann im Verein mit ihnen, die immer mehr die auswärtige Politik der Monarchie bestimmten, die Politik des Bündnisses mit dem Deutschen Reich, der die Slaven (mit Ausnahme der galizischen) die Forderung der Annäherung an Rußland und Frankreich entgegensetzten. Vielleicht nirgends stand die äußere Politik in so direktem und durchsichtigem Zusammenhang mit der inneren, wie in Österreich während der letzten Jahrzehnte.

Jetzt hat der Weltkrieg Wandlungen hervorgerufen, die der Vormachtstellung der Deutschen für immer ein Ende machten, selbst wenn diese Wandlungen sich auf das Programm beschränkt hätten, das Kaiser Karl in seinem Manifest vom 16. Oktober entwickelte. Dieses Programm war dem der Sozialdemokratie Österreichs entnommen, die es schon 1899 auf ihrem Parteitage zu Brünn formulierte. Sie forderte damals:

„1. Österreich ist umzubilden in einen Nationalitätenbundesstaat.

2. An Stelle der historischen Kronländer werden national abgegrenzte Selbstverwaltungskörper gebildet, deren Gesetzgebung und Verwaltung durch Nationalkammern, gewählt auf Grund des allgemeinen, gleichen und direkten Wahlrechts besorgt wird."

Damals wäre die Durchführung dieses Programms imstande gewesen, Österreich auf eine neue, lebenskräftige Basis zu stellen. Heute trieben die Verhältnisse darüber hinaus. Je weiter das geht, desto mehr verliert Österreich seine bisherige Anziehungskraft für die Deutschen. Es zerfällt in eine Reihe von Staaten mit großer Selbständigkeit. Wien hört auf, das Zentrum eines großen Reichs zu sein. Es bleibt nicht einmal das Zentrum Deutschösterreichs, wenn dieses in jene drei Teile zerfällt, die Otto Bauer in einem grundlegenden Artikel in der Wiener „Arbeiterzeitung" vom 13. Oktober über den „deutschösterreichischen Staat" als die Gebiete der deutschen Nationalität in Österreich bezeichnet. Der eine dieser Teile umfaßt die von Deutschen bewohnten Alpenländer. Für sie mag Wien die Hauptstadt bleiben, obgleich auch das für Tirol fraglich ist. Ein zweiter Teil wird vom deutschsprechenden Nord- und Westböhmen, der dritte von Westschlesien gebildet, mit angrenzenden mährischen und schlesischen Bezirken. Diese beiden Teile würden in sehr losem Verhältnis zu Wien stehen.

Die nichtdeutschen Siedlungsgebiete hören auf, ein Betätigungsfeld für deutsche Intellektuelle zu sein. Was wird aus den deutschen Universitäten in Prag und Czernowitz, was aus den deutschen technischen Hochschulen in Prag und Brünn?

So gehen alle die Vorteile verloren, die in den Deutschen Österreichs bisher den Drang nach nationaler Einigung nicht aufkommen ließen. Jetzt macht er sich um so mächtiger geltend, je stärker und selbständiger die nichtdeutschen Staaten, die rings um sie erstehen, und je demokratischer das deutsche Reich, je anziehender für die arbeitenden Massen.

Alles deutet darauf hin, daß ein anderes sozialdemokratisches Nationalprogramm als das Brünner von 1899 in Kraft tritt, daß jenes Großdeutschland ersteht, das die Marx, Engels, Lassalle, Liebknecht und Bebel als demokratische Republik ersehnt, wofür sie gekämpft hatten.

Die Ungarn.

Die Nationalitäten, die wir bisher behandelt haben, standen nur mit einem Fuß auf österreichischem Boden, mit dem anderen außerhalb der Monarchie. Bloß zwei der Nationalitäten Österreichs befinden sich, „zur Gänze", wie man dort sagt, innerhalb seiner Grenzen, die Tschechen und die Ungarn oder Madjaren.

Wir haben schon darauf hingewiesen, daß das kriegerische Nomadenvolk der Ungarn sich im 9. Jahrhundert in der ungarischen Tiefebene östlich der Alpen festsetzte, durch die so viele Völker gezogen waren und in der sie ihre Reste zurückgelassen hatten, Avaren, Bulgaren, Rumänen (Wallachen), namentlich aber Slawen, die in der Völkerwanderung den in das römische Reich eindringenden Germanen nachzogen. Die von den Germanen verlassenen Gebiete wurden von den Slawen besetzt, die gleichzeitig auf der Balkanhalbinsel bis an das mittelländische Meer vordrangen. Wenn in unseren Tagen ein tschechischer Redner für ein Slawenreich eintrat, das sich von Danzig bis Triest erstrecken müßte, so war dies damals weit überholt gewesen. Die Slawen reichten nicht von Danzig, sondern von der Kieler Bucht über Bamberg nicht nur bis Triest, sondern bis zum Peloponnes. Da kamen am Ende des 9. Jahrhunderts die Ungarn und drängten sich als trennender Keil zwischen die Slawen des Nordens und die des Südens. Dem Geschichtsschreiber der Tschechen, Palacky, erschien dies Ereignis als eine furchtbare Katastrophe für die Slawen:

„Die Invasion der Madjaren und ihre Festsetzung in Ungarn ist eines der folgenschwersten Ereignisse in der Geschichte Europas; sie ist das größte Unglück, das die Slawenwelt im Ablauf der Jahrtausende betroffen hat." (Geschichte von Böhmen, I., S. 195.)

Palacky meint, ohne das Eindringen der Madjaren hätte sich ein großes Slawenreich im Osten, ähnlich dem fränkischen Staat Karl des Großen im Westen gebildet, ein Reich, das, von Rom und Byzanz gleich begünstigt und gepflegt, die großartigste Entwicklung versprach, und das das slawische Osteuropa auf gleiche Höhe der Kultur mit dem fränkischen Westen erhoben hätte.

Das ist heute weder zu beweisen, noch zu widerlegen. Daß aber die Slawen durch das Eindringen der Madjaren sehr geschwächt wurden, unterliegt keinem Zweifel.

Die Ungarn setzten sich in der Ebene fest, deren Bevölkerung sie ausrotteten oder vertrieben. In den Randgebirgen erhielten sich slawische und wallachische Bevölkerungsteile, andere Slawen (Ruthenen) rückten aus der Ukraina über die Karpathen nach. Alle diese Völker bestanden aus unkriegerischen Bauern, die in vollste Abhängigkeit von dem kriegerischen Adel gerieten, der sich unter den Magyaren erhob, nachdem diese seßhaft geworden. Kein Adel hat in seinem Lande weniger Widerstand gefunden, keiner ist mächtiger geworden, als der ungarische. Weder die Türken, noch die Heere des Absolutismus der Habsburger, denen das Land 1526 zugefallen war, vermochten seine Kraft zu brechen.

Im Jahre 1526 fiel der letzte einheimische König der Ungarn, Ludwig II., in der Schlacht bei Mohacs gegen die Türken. An seiner Stelle wählte ein Teil des Adels den mächtigsten der ungarischen Magnaten, Johann Zapolya, zum König; ein anderer Teil den Habsburger Ferdinand I., der mit Ludwigs Schwester vermählt war. Für ihn, den Bruder Karl V., des deutschen Kaisers und Königs von Spanien, wurde geltend gemacht, daß er am ehesten die Macht hätte, der Türken Herr zu werden. Aber gerade mit denen verband sich Zapolya. In den steten Kämpfen der Habsburger mit den Türken behauptete sich der ungarische Adel als Zünglein an der Wage. Die türkische Invasion und die damit verbundene Verlegung der Handelswege nach dem Orient wurde auch ein Mittel, den Feudalismus in Ungarn länger lebenskräftig zu erhalten, als in den westlich davon gelegenen Gebieten, da dadurch das Gedeihen der Städte unterbunden wurde. Bis heute noch ist Ungarn äußerst arm an wirklichen Städten. Was man dort Stadt nennt, ist meist nur ein großes Dorf.

„Sicher zeigt sich auch in Ungarn die Tendenz zum Zusammendrängen in Städten, aber sie hat andere Motive und einen anderen Charakter, als in Westeuropa. An den Ufern der Donau, der Theiß, der Maros wurde diese Tendenz hervorgerufen durch die Notwendigkeit, gegen die Einfälle der Türken Schutz zu suchen, sie förderte landwirtschaftliche und nicht industrielle Zentren." (J. Racz, „L'état économique et sociale de la Hongrie au vingtième siècle" im Sammelwerk „La Hongrie contemporaine et le suffrage universel, Paris, 1909, S. 4.)

Racz nennt mehrere größere Städte, in denen ein bis zwei Drittel der Bevölkerung von der Landwirtschaft leben, so in Szabadka 40 000 (47,7 Prozent), in Zombor 18 000 (61 Prozent der Einwohner).

Von den 17 Millionen, die das eigentliche Ungarn, ohne Kroatien 1900 bewohnten, gehörten nicht ganz 3 Millionen (2 847 000) zur städtischen Bevölkerung.

Die Landwirtschaft überwiegt noch heute bedeutend, 1910 umfaßte sie 62,3 Prozent Erwerbstätiger (1907 im Deutschen Reich 35,2 Prozent), Industrie und Bergbau nur 17,1 Prozent (im Deutschen Reich 40,0 Prozent.)

Dabei ist aber das Proletariat äußerst zahlreich. Racz berechnet, daß es die Mehrheit der Bevölkerung umfaßt, mehr als 10 Millionen von den 19 Millionen, die Ungarn (mit Kroatien) 1900 zählte.

Und diese proletarische Bevölkerung nimmt rasch zu. Die Zahl der Erwerbstätigen in der Landwirtschaft wuchs 1890—1900 von 5 383 000 auf 6 007 000, also um 624 000, die Zahl der selbständigen Landwirte nahm jedoch ab von 1 903 000 auf 1 855 000, also um 48 000. Dafür ist auch der große Grundbesitz enorm entwickelt. Im Jahre 1900 umfaßten die Güter von 100—1000 Joch (1 Joch gleich 0,43 Hektar) 3 400 000 Hektar, 14,2 Prozent des Kulturlandes, die Riesengüter mit mehr als 1000 Joch aber 7 452 000 Hektar, 31,2 Prozent des Kulturbodens, der nicht ganz 24 Millionen (23 893 000) Hektar ausmacht. Im Deutschen Reiche verfügten die Betriebe mit mehr als 500 Hektar Fläche über 2 500 000 von 32 Millionen Hektar.

Man sieht, Ungarn ist das Paradies des großen Grundbesitzes.

Indes nicht alle ungarischen Adeligen sind große Grundbesitzer. Die Zahl der größten Grundbesitzer wird auf 1945 angegeben, die 3977 Güter mit mehr als 1000 Joch besaßen; die Zahl der mittelgroßen Grundbesitzer mit Gütern von 100—1000 Joch, auf 16 406.

Die Zahl der Adeligen ist aber weit größer. Schon 1858 veranschlagte Kossuth die adelige Bevölkerung Ungarns auf 5—600 000, bei 5 Millionen Madjaren. (Kossuth, Schriften, II., S. 149.) Hat sich der Adel ebenso rasch vermehrt, wie das madjarische Volk, dann ist er heute rund 1 Million stark. Es ist klar, nur ein kleiner Teil dieser Masse verfügt über erheb lichen Grundbesitz, ein großer Teil ist ganz ohne Besitz.

Die Klassenlage dieses kleinen Adels, der „Gentry", ist natürlich eine andere als die des großen, der „Magnaten". Diese ziehen den größten Teil ihrer ungeheuren Einkommen aus ihren Gütern, aus der Ausbeutung der landwirtschaftlichen Arbeiter und aus der Ausbeutung der Konsumenten, namentlich der industriellen Arbeiter, in Ungarn und im übrigen Österreich. Dies Moment spielt für die Mehrheit des kleinen Adels eine geringe Rolle. Um so wichtiger wird für sie die Ausbeutung des Staates selbst durch die Ämter, die er und die Organe der „Selbstverwaltung", die Komitate (Landkreise) und die Stadtgemeinden verleihen.

In der Schicht des kleinen Adels fand der Habsburgische Absolutismus den erbittertsten Widerstand bei seinen Versuchen, die Adelsherrschaft durch die einer zentralisierten Bureaukratie zu ersetzen, die in deutscher Sprache amtieren, vom deutschen Hofe in Wien geleitet werden sollte.

So lange es ging, verfochten Magnaten und Gentry gemeinsam den Feudalismus und die feudale Selbstverwaltung. Wo dieser unhaltbar wurde, kämpfte die Gentry vor allem dafür, daß die unvermeidliche staatliche Bureaukratie eine madjarische, daß die unter der Bureaukratie stehende Staatsgewalt in den Händen des madjarischen Adels sei. Das wurde im 19. Jahrhundert das mit äußerster Zähigkeit festgehaltene Ziel ihres Strebens. Dadurch wurde der ungarische Adel der gefährlichste Feind des von Wien aus herrschenden Habsburgischen Absolutismus.

Wo der Kleinadel gegen die Staatsgewalt rebellisch wird, kann er sehr demokratische Gedanken annehmen, das hat nicht nur der deutsche Reichsadel seit Hutten gezeigt, sondern auch der polnische und ungarische.

Dabei ist aber der Adel durch Tradition, Erziehung, Lebensweise, weit energischer und kampflustiger, als die städtischen Kapitalisten und Intellektuellen. Wo es galt, bewaffneten Widerstand des Absolutismus zu überwinden, haben diese stets versagt. Bewaffnete Erhebungen hat die Bourgeoisie nur gewonnen durch die Hilfe entweder der arbeitenden Klassen der Städte oder eines rebellischen Teils des Adels. So wurden 1848 neben den Arbeitern von Paris, Wien, Berlin die Adeligen Ungarns die Hauptstütze der Revolution, diejenige, die sich am längsten behauptete. Die Niederschlagung der Pariser Revolution im Juni 1848 und die Kapitulation von Vilagos vom 13. August 1849, in der die Reste der ungarischen Revolutionsarmee, mit der die Österreicher nicht fertig werden konnten, sich den zur Hilfe für den Absolutismus herbeigeeilten Russen ergaben, das waren die beiden vernichtenden Katastrophen der damaligen Revolution.

Nach dieser Niederlage herrschte in Ungarn der Schrecken. Aber mit ihm kann man auf die Dauer nicht regieren. Unter den Schlägen von 1859 und 1866 brach der Absolutismus zusammen und machtvoll erhob sich wieder der ungarische Adel. Nun war er der Sieger und nahm den Staat mit in Beschlag.

Damit aber kam die andere Seite der Medaille zum Vorschein. Der Adel hatte seinen Kampf geführt mit Berufung auf demokratische Ideen, die wohl auch ernsthaft gemeint waren, die aber nicht Stand hielten, als sie in Gegensatz zu den materiellen Verhältnissen traten.

Das Abkommen des Kaisers Franz Joseph mit Ungarn von 1867 lieferte dieses Land der ausschließlichen Herrschaft des Adels aus.

„Damals begann Koloman v. Tisza (Minister von 1875—1890, Vater des jetzigen Ministers, Graf Tisza) seine famose Politik, die den Zweck verfolgte, dem Adel dadurch zu helfen, daß er ihm alle Funktionen (im Staate) vorbehielt." (Jaszi, über die ungarische Nationalitätenpolitik in dem schon zitierten Sammelwerk, La Hongrie contemporaine, S. 149.)

Die Politik, immer wieder neue Posten für die ämterhungrigen Adeligen zu schaffen, geht bis in die neueste Zeit.

Man zählte 1904 207 249 Staatsbeamte, 1908 235 705, also in vier Jahren eine Zunahme um fast 30 000, um 14 Prozent. (La Hongrie contemperaine, S. 193.)

Dabei suchte man allen anderen Klassen und

Nationen, außer dem madjarischen Adel, den Zugang zur Staatsgewalt möglichst zu erschweren. Ein Zensuswahlrecht schloß bis heute drei Viertel der männlichen Bevölkerung über 20 Jahre vom Wahlrecht aus. In die Komitatsvertretungen ward die eine Hälfte der Volksvertreter" von den Zensuswählern ernannt, die andere Hälfte bildeten die Höchstbesteuerten im Kreise, also direkt die Großgrundbesitzer.

Um das Monopol auf Wissen und Staatsstellen möglichst wenig zu gefährden, wurde die Volksbildung absichtlich zurückgehalten. Im Jahre 1910 konnten noch 39 Prozent der über 6 Jahre alten Bevölkerung weder lesen noch schreiben. Namentlich die Frauenbildung ist sehr vernachlässigt. Von 3 900 000 Männern im Alter von über 24 Jahren sind 2 600 000, von 4 Millionen Frauen im gleichen Alter bloß 1 600 000 des Lesens und Schreibens kundig. Am schlimmsten ist es mit der Volksbildung bei den Nichtmadjaren bestellt. Die Madjaren, weniger als die Hälfte der Bevölkerung (10 von 21 Millionen), verfügten 1912 über 13 270 von den 20 255 Elementarschulen, also fast zwei Drittel. Unter den Nichtmadjaren waren am schlechtesten die Slowaken dran. Zwei Millionen, fast 10 Prozent der Bevölkerung stark, waren ihnen bloß 403, nur 2 Prozent aller Volksschulen zugewiesen.

Daß die Nichtmadjaren dabei noch in ihrem Fortkommen besonders gehemmt wurden, liegt nahe. Ein ungarischer Schriftsteller, Moczary, hat 1886 auf 9541 Beamte des ungarischen Staates 149 rumänischen Ursprungs gezählt. Die Rumänen bildeten 20 Prozent der Bevölkerung, aber weniger als 2 Prozent des Beamtenstandes. Und es sind nur untergeordnete Posten, die ihnen zufallen.

„Diese Tendenz hat sich seitdem nicht gebessert", bemerkt dazu Oskar Jaszi (a. a. O. S. 149)

Aber trotz aller Monopolisierung des ungarischen Staates genügte dieser bald nicht mehr dem Tatendrang seines Adels. Er suchte auch den Gesamtstaat zu beherrschen. Und das gelang ihm sehr gut. Wir haben schon darauf hingewiesen, wie viel kampffähiger, energischer, rücksichtsloser der Adel ist, als der liberale Bourgeois.

Das hat in Preußen das Junkertum den Liberalen gegenüber gezeigt, das zeigte auch der ungarische Adel, der zahlreichste und mächtigste der österreichischen Monarchie gegenüber dem Liberalismus der Deutschen.

Aus seinem Verbündeten gegen die Slawen wurde er bald sein Herr. Den Ungarn ist vor allem die agrarische Zollpolitik zu danken, durch die der Gesamtstaat seinen Arbeitern die Nahrungsmittel verteuerte. Ihnen vor allem ist aber auch die Richtung der Auslandspolitik der Monarchie zuzuschreiben, die Politik, die zunächst auf Herabdrückung und Bedrängung der beiden benachbarten agrarischen Konkurrenten, Rumäniens und Serbiens, hinauslief, was im Zusammenhange mit der Herabdrückung und Bedrängung der Rumänen und Serben im eigenen Lande den Haß der beiden Volksstämme gegen das madjarische Regime aufs höchste entflammen mußte.

Auch diese Politik stand wie die Zollpolitik im Gegensatz nicht nur zu demokratischen Grundsätzen, sondern auch zu den materiellen Interessen der industriellen Klassen Österreichs, da dadurch sowohl die industrielle Ausfuhr in jene Länder, wie auch die Einfuhr billiger Nahrungsmittel aus ihnen gehemmt wurde.

Zu alledem gesellte der ungarische Adel noch eine Expansionspolitik auf dem Balkan, der ihm ja neue Staatsstellen versprach. Dabei wurde er freilich auch von dynastischen Bedürfnissen und finanzkapitalistischen Ansprüchen der Westhälfte der Monarchie unterstützt.

Den ersten Schritt auf diesem Wege bildete die Okkupation Bosniens, die der Ungar Andrassy 1878 im Gegensatz zur Mehrheit der Deutschliberalen durchsetzte. Später gesellte sich dazu die Beanspruchung Albaniens, ja des ganzen westlichen Balkans bis Saloniki als „Interessensphäre", wobei man wieder mit den Serben in Konflikt kam.

Dieser Konflikt, der schließlich den Weltkrieg entzündete, war zunächst ein Konflikt des serbischen Bauernvolks mit dem madjarischen Adel.

Jetzt hat diese Politik Bankerott gemacht und nun suchte jener Adel zu retten, was zu retten ist, indem er die volle Unabhängigkeit des ungarischen Staates verkündigte. Doch er irrte sich, wenn er meinte dadurch verhindern zu können, daß die Bewegung der Nationalitäten von Österreich nach Ungarn hinüberschlägt.

Sie hat in Österreich begonnen, weil dort der Widerstand am geringsten ist. Die deutschen Bourgeois Österreichs können sich, wie schon bemerkt, an Willenskraft und Rücksichtslosigkeit nicht mit dem madjarischen Adel messen. Sie sind aber auch an Zahl schwächer, im Verhältnis zu ihren Gegnern. Fast zwei Drittel der Bevölkerung stehen gegen sie, darunter Tschechen und Polen, die auf einer weit höheren Entwicklungsstufe stehen und eine größere Kraft darstellen als die Slowaken und Rumänen Ungarns.

Aber es wurde unvermeidlich, daß die Selbstbestimmung der Tschechen, der Ukrainer, der Südslawen in Österreich sowie der Wandel, der sich in den Verhältnissen Rumäniens vollzieht, bald auch auf Ungarn hinübergriff. Selbst die den Ungarn gegenüber bisher so bescheidenen Deutschen dürften davon nicht unberührt bleiben. Sprachinseln sind natürlich nicht zu retten. Doch darf man nicht vergessen, daß von den 2 Millionen Deutschen Ungarns ein erheblicher Teil an der Westgrenze in direktem Anschluß an das deutsche Sprachgebiet des eigentlichen bisherigen Österreich wohnt. Vielleicht werden die dortigen Deutschen auch noch Ansprüche auf Selbstbestimmung und Vereinigung mit Gesamtdeutschland erheben.

Der Zusammenbruch der Vorherrschaft des madjarischen Adels über die nicht madjarischen Nationen Ungarns ist sicher. Ein solcher Bankerott kann aber nicht eintreten, ohne ein völliger zu werden. Auch die Vorherrschaft des madjarischen Adels über das eigene Volk ist nicht mehr zu retten.

Wie immer man über die Aussichten des industriellen Sozialismus der russischen Sowjetrepublik denken mag, eines steht fest: die eigentliche große Tat der russischen Revolution, die Aufhebung des großen Grundbesitzes läßt sich nicht nur nicht rückgängig machen, sie muß ansteckend wirken auf ganz Osteuropa, denn sie liegt dort überall in der Linie der Entwicklung, wird durch die Lebensinteressen der großen Mehrheit der Bevölkerung bedingt. Diese kann nicht zu nationalem Leben, das heißt, zur Demokratie erwachen, ohne auch die Wahrung ihrer ökonomischen Interessen in die Hand zu nehmen.

Wir müssen in Ungarn mit einer Demokratie rechnen, die nach der ökonomischen Grundlage, auf der sie sich aufbaut, eine überwiegend bäuerliche sein und dem großen Grundbesitz zu Leibe gehen wird. Darin wird sie sich von der russischen bäuerlichen Demokratie nicht unterscheiden. Immerhin wäre es möglich, daß sie sich über diese erhebt und dem Gedanken des Sozialismus wenigstens insofern Raum gibt, als sie nicht den großen Grundbesitz regellos zerschlägt und zahllose neue Privateigentümer schafft, sondern ihn geschlossen in Gemeineigentum verwandelt, damit sofort die Grundrente der Allgemeinheit sichert und den Übergang zu höheren Formen landwirtschaftlichen Betriebs ermöglicht, die größte Produktivität des Bodens mit erheblicher Reduzierung der Arbeitslast des Bodenbebauers vereinigen würden.

Wohl wird es schwer sein, das durchzusetzen, denn der Bauer hat die Entscheidung zu fällen, und er läßt sich vor allem von seinem nächsten Bedürfnis, dem nach mehr Land und damit mehr Produkt leiten, und nicht von weitersehenden Erwägungen allgemeinen gesellschaftlichen Nutzens. Er trachtet überall nach dem Privateigentum an den Produktionsmitteln. Immerhin hat unsere ungarische Bruderpartei eine starke Landarbeiterorganisation geschaffen, und da vermöchte sie wohl den Versuch zu wagen. Wenn er gelingt, ist für den Sozialismus viel gewonnen.

Aber wie dem auch sein möge, die jetzige

Katastrophe wird nicht vorüber gehn, ohne ein freies ungarisches Volk zu schaffen, das, frei unter Freien und Gleichen, sich als Glied der Gesamtheit der Völker ausschließlich den Aufgaben der sozialen Entwicklung widmen kann, die durch Militärbureaukratie, Feudalrechte und nationalen Zwiespalt wie in Rußland, so auch in Österreich bisher aufs ärgste gehemmt war.

Die Tschechoslowaken.
Aufstieg und Zusammenbruch Böhmens.

Nur noch eine Nationalität des bisherigen Österreich haben wir zu behandeln, diejenige, deren Problem das schwierigste und verwickeltste ist, die der Tschechoslowaken.

Die Schwierigkeiten sind zum großen Teil in der geographischen Lage Böhmens begründet. Wir haben schon darauf hingewiesen, wie seine Bodengestaltung es zu einem der von Natur aus am meisten ausgeprägten Verkehrsgebiete macht, das ebenso sehr den inneren Verkehr begünstigt, wie von der Außenwelt, namentlich nach Norden und Westen, abschließt. Und dieses so stark von der Umwelt abgegrenzte Land ragt weit hinein in das deutsche Sprachgebiet. Darin liegt die Hauptschwierigkeit für ein Böhmen, das nach seiner Selbstbestimmung verlangt. Nicht immer befanden sich die Tschechen in so isolierter Lage, als Halbinsel im Meere des Deutschtums. Schon bei unseren Ausführungen über die Ungarn hatten wir Gelegenheit, darauf hinzuweisen, daß im Gefolge der Völkerwanderung der Germanen die Slawen ihnen nachzogen. Zur Zeit Karls des Großen waren sie bis zu den Gegenden des heutigen Lübeck, Magdeburg, Leipzig, Bamberg vorgedrungen, hatten das ganze Alpengebiet östlich von Linz, Salzburg, Tirol besetzt. Von den Tschechoslowaken drang damals ein Teil bis Böhmen vor, der Rest blieb in den westlichen Karpathen sitzen.

Wir haben weiter gesehen, wie dann die Madjaren einen Keil zwischen die Slawen eintrieben. Gleichzeitig rückten aber auch von Westen her die Deutschen wieder nach Osten in ihre aufgegebenen Wohnsitze zurück. Im Donautal fanden die vordringenden Eroberer dabei eine Grenze an den Madjaren, in der norddeutschen Ebene gingen sie so weit, bis sie auf den kriegerischen Adel der Polen stießen. Das ganze Land bis zur polnischen Grenze verfiel im Lauf der Jahrhunderte der Germanisierung.

Von diesem gewaltigen Rückströmen der Deutschen blieb Böhmen unberührt. An seinen Gebirgswällen brachen sich die deutschen Wogen, die südlich und nördlich unaufhaltsam vorwärts fluteten und den slawischen Boden überschwemmten.

Es war eine äußerst dünne nationale Brücke in Mähren und dem südlichsten Schlesien, durch die Böhmen mit der übrigen slawischen Welt, den Slowaken und Polen, in Verbindung blieb. Mährens Bodengestaltung begünstigt den Zuzug und Durchzug von Nord und Süd. Von beiden Seiten drangen deutsche Elemente weit vor. An zwei Stellen verdünnte sich der tschechische Gürtel besonders und dabei wurde dort seine Solidität noch durch deutsche Sprachinseln geschwächt. Die eine dieser Stellen fand sich im Westen Mährens, an der böhmischen Grenze, wo die Iglauer Sprachinsel im Süden und die Trübauer im Norden dem geschlossenen deutschen Sprachgebiet sehr nahe kommen. Dasselbe wiederholt sich in der Mitte des Landes durch die Sprachinseln von Brünn und Olmütz. Im Laufe des letzten Jahrhunderts sind diese Inseln allerdings durch tschechische Zuwanderung sehr verkleinert worden.

So von Deutschen rings umklammert, wurde Böhmen mit Mähren früh gezwungen, die deutschen Kaiser als Lehnsherren anzuerkennen (zuerst unter dem „heiligen" Wenzel, der Heinrich I. 926 huldigte). Böhmen wurde ein Glied des alten deutschen Reiches und blieb es bis zu dessen Auflösung.

Dadurch wurde jedoch die tschechische Nationalität nicht bedroht, da ja das Reich der Feudalzeit kein Nationalstaat im modernen Sinne war. Innerhalb des Reichs gewann Böhmen bald eine hervorragende Stellung, auch wieder vor allem infolge seiner Bodengestaltung, die seine Zusammenfassung zu einem geschlossenen Gemeinwesen sehr erleichtert, im Gegensatze zu den es umgebenden deutschen Landen, die höchster feudaler Zersplitterung verfielen. Zu diesen Vorteilen der Bodengestaltung gesellt sich noch großer Bodenreichtum, namentlich an Gold und Silber. Dank diesen Faktoren erlangte Böhmen 1158 die höchste Würde im deutschen Reiche nach der kaiserlichen, die Königskrone, es bildete da das einzige Königreich bis 1701, als der Hohenzoller Friedrich I. es so weit brachte, es Böhmen gleichzutun und das Königreich Preußen schuf.

Im 13. Jahrhundert war Böhmen so erstarkt, daß es zur Offensive übergehen, deutsches Gebiet annektieren konnte. Die gegebene Richtung der Ausdehnung war durch Mähren gegeben. Von da aus drang Ottokar II. nach Süden vor. Seine einzige Erwerbung nach dem Westen hin war die des Egerlandes (1266), das bis heute böhmischer Besitz geblieben ist. Aber früher schon hatte er Österreich gewonnen, 1251, die Steiermark, 1260. Später erwarb er noch Kärnten und Krain 1269. Der Bau der österreichischen Monarchie war damit angebahnt, doch sollte sie nicht unter einer tschechischen Dynastie emporwachsen. Ottokar vermaß sich, dem Kaiser selbst zu trotzen und ging dabei zu Grunde. Rudolf von Habsburg besiegte ihn 1278 und eignete sich die österreichischen Alpenländer selbst an, die von da an bis in unsere Tage in den Händen Habsburgs verblieben.

Doch schon hundert Jahre später erhob sich Böhmen zu neuer Macht, vor allem dank seinen Kuttenberger Silberbergwerken, die bis zum fünfzehnten Jahrhundert die reichsten Europas sein sollten. Ihr Reichtum half Karl I. von Böhmen, die deutsche Kaiserkrone zu kaufen, die er als Kaiser Karl IV. trug (1340—1378).

Wie Ottokar trachtete auch Karl die Macht

Böhmens auszudehnen. Wie jener schlug auch dieser dabei den durch die natürlichen Verkehrswege vorgeschriebenen Weg über Mähren ein. Aber die Linie des geringsten Widerstandes wies ihn damals nach Norden, nicht nach Süden, nicht nach Wien, sondern nach Berlin. Schon seinem Vater Johann war es gelungen, das bis dahin vorwiegend polnische Schlesien zum größten Teil zu gewinnen; er vollendete die Erwerbung und fügte die Lausitz sowie Brandenburg hinzu. Die beiden Kaiserstädte der Deutschen, Wien und Berlin, sind nach einander böhmischer Besitz gewesen.

So reich und mächtig wurde Böhmen unter Karl IV., namentlich durch seine Bergwerke, so sehr gediehen dort Kunst und Wissenschaften, daß in Prag die erste Universität erstand, die innerhalb des deutschen Reiches gegründet wurde (1348) nach dem Muster der Universitäten von Paris und Bologna.

Nach Karls Tode war wieder Böhmen das erste Land im deutschen Reiche, das es mit Erfolg unternahm, sich von der päpstlichen Kirche loszureißen und seine Selbständigkeit siegreich gegen das deutsche Reich zu behaupten (in der Erhebung der Hussiten von 1419 an), wobei es sogar zeitweise ein kommunistisches Gemeinwesen, Tabor, in seinem Schoße erstehen sah. Die katholische Kirche und das deutsche Reich mußten sich zu einem Vergleich bequemen. Die Herrschaft des Papstes in Böhmen war gebrochen, dabei aber auch das Deutschtum in Böhmen sehr zurückgedrängt. Bis zu den Hussiten hatten die Könige, die Böhmen reich und mächtig sehen wollten, von Ottokar bis Karl, zahlreiche Deutsche als bäuerliche Kolonisten im Norden, als Handwerker, Kaufleute, Gelehrte, Künstler in Prag, als Bergleute in den Silbergruben herangezogen. Die hussitische Bewegung war eine national-tschechische Gegenbewegung, die dem deutschen Einfluß für lange ein Ende machte. Und ebenso schwächte sie die monarchische Gewalt. Wie Ungarn und Polen wurde auch Böhmen eine Adelsrepublik mit einem vom Adel gewählten König an der Spitze. Schließlich wählte der ungarische Adel den gleichen König, wie der böhmische, einen polnischen Königsohn, Wladislaw, dessen Sohn Ludwig ihm auch durch Wahl folgte. Nach dessem Tode in der Schlacht bei Mohacz (1526) gelang es Ludwigs Schwager, den Habsburger Ferdinand die heißersehnten Kronen Böhmens und Ungarns zu erwerben, nicht ohne erhebliche Zugeständnisse an den Adel hüben wie drüben.

Es war kein friedlicher Besitz, den er gewann. Er stieß in Böhmen auf einen ebenso selbstherrlichen unbotmäßigen Adel wie in Ungarn. Doch in Böhmen war für ihn die Sache weit gefährlicher. Dieses Land gehörte zum deutschen Reich, es ragte tief in dieses hinein, und das Reich war in vollem Aufruhr gegen die päpstliche Kirche und die kaiserliche Gewalt, damit aber auch gegen ihre Träger, die Habsburger. Böhmen aber gehörte seit den Hussitenkriegen zu den Bollwerken des Protestantismus, den Widerstand Böhmens zu brechen war also für die Habsburger weit wichtiger, als ihre Behauptung in Ungarn. Ihr Sieg in Ungarn bedeutete bloß mehr Macht. Ohne Sieg in Böhmen war ihre Existenz gefährdet.

Fast ein Jahrhundert lang währte der Zwiespalt zwischen den Habsburgern und dem rebellischen Böhmen. Endlich, im Anfang des 17. Jahrhunderts, kam es zur Entscheidung. Der Habsburger Mathias suchte die Macht des Adels und der Protestanten in Niederösterreich wie in Böhmen zu brechen, da erhoben sich diese vor genau 300 Jahren (1618) in einem Aufruhr, der jenes lange Ringen der Habsburger mit den Reichsfürsten einleitete, das als dreißigjähriger Krieg bezeichnet wird. Böhmen selbst ward schon zu seinem Beginn niedergeworfen in der Schlacht am Weißen Berge, 8. November 1620.

Nun sollte die Quelle der Rebellionen für immer zum Versiegen gebracht werden. Die Häupter des tschechischen Adels wurden hingerichtet, andere vertrieben, ihre Güter konfisziert und an charakterlose Streber und geschmeidige Höflinge verschenkt oder verschleudert. Alle Nichtkatholiken des Landes verwiesen. Die Jesuiten wurden die Alleinherrscher im Lande. Ein entsetzliches Blutregiment vernichtete alles, was eine selbständige Regung irgendeiner Klasse im Lande ermöglicht hätte.

Zu diesem Schreckensregiment kamen die Verwüstungen des Dreißigjährigen Krieges. Böhmens Bevölkerung sank damals von vier Millionen auf eine herab. Die tschechische Nationalität war aller ihrer führenden Köpfe beraubt und damit selbst enthauptet, sie hörte für die Politik und die Geschichte auf, zu sein, sie bestand nur noch aus unwissenden Bauern, Zwerghandwerkern und Proletariern. Ihre Literatur beschränkte sich auf Gebetbücher und Kalender.

Wohl blühte Böhmen im 18. Jahrhundert ökonomisch wieder auf. Doch die Kultur, die sich da entwickelte, war ausschließlich eine deutsche. Deutsch war der neue Adel, deutsch die Häupter der Kirche, deutsch die Bureaukratie, deutsch waren die Intellektuellen, deutsch die Kaufleute, deutsch auch die höher entwickelten Teile des Kleinbürgertums. Als sich eine kapitalistische Industrie entwickelte, geschah es im nördlichen, an Wasserkräften reichen, von Deutschen bewohnten Teile des Landes. Dort suchte die österreichische Regierung, nachdem sie das industriereiche Schlesien an Preußen verloren, zum Ersatz eine neue Industrie zu schaffen. Auch diese war deutsch.

So konnte man beim Beginn des 19. Jahrhunderts annnehmen, die tschechische Nationalität sei tot. Was noch von ihr existierte, würde mit dem Fortschritt der natürlich deutschen Bildung unter den unteren Volksschichten vollständig germanisiert werden.

Der Aufstieg der tschechischen Nationalität.

Ihren tiefsten Stand erreichte die tschechische Nationalität am Ende des 18. Jahrhunderts. Der Einfluß der kapitalistischen Produktionsund Verkehrsverhältnisse, der in allen Kulturländern Europas die arbeitenden Klassen zur Teilnahme am Staatsleben und an der Kulturarbeit erweckte, und einem Teil der Intellektuellen reges Interesse für die unteren Volksklassen einflößte, namentlich seit den gellenden Fanfaren der großen französischen Revolution, begann sich auch in Böhmen bemerkbar zu machen. Zunächst in der Form vermehrten Interesses tchechischer Intellektueller für die Bildung ihres Volkes, die nur in der Volkssprache geschehen konnte. Einen gewaltigen Anstoß erhielten diese Bestrebungen aus der Slowakei. Wir haben gesehen, daß ein Teil des tschechischen Volkes in den Karpathen geblieben war, wo er den Namen Slowaken führte. Seine Verbindung mit den westlichen Slaven war bis ins 19. Jahrhundert eine geringe. Die böhmischen Könige und der böhmische Handel waren, wenn sie über Mähren hinausgegangen waren, den Verkehrswegen gefolgt, die vor den Karpathen Halt machten und nach Süden oder Norden gingen. Der böhmische Staat hatte einmal bis Krain, ein andermal bis Brandenburg gereicht, aber nie in die Slowakei. Diese war, der Bodengestaltung entsprechend, stets ein Teil des ungarischen Staates gewesen.

Als solcher blieb sie von den Glaubensverfolgungen verschont, durch die der habsburgsche Absolutismus in Böhmen nach der Schlacht am weißen Berge den rebellischen protestantischen Teil des Volkes ausrottete. In Ungarn behauptete sich der protestantische Adel. Daher flüchtete sich ein großer Teil der tschechischen Protestanten, der nicht nach Sachsen auswanderte, in die Slowakei, dort erhielten sich jetzt, trotz der geringen Kultur der rein bäuerlichen Bevölkerung, noch am meisten Traditionen aus der Zeit des tschechischen Aufschwungs, sowie eine Schicht tschechischer den Habsburgern gegenüber selbständiger Intellektueller in den protestantischen Pastoren.

Da diese keine Universität mit einer theologischen Fakultät ihrer Konfession in Österreich fanden, gab ihnen das Veranlassung, deutsche Universitäten zu besuchen, wo deutsches Geistesleben sie befruchtete. So gingen die ersten großen Anregungen zum geistigen Neuaufstieg des tschechischen Volkes von Slowaken aus. Der erste bedeutende Dichter des erwachenden Tschechentums war Jan Kollár aus der ungarischen Slowakei (1793—1853), der in Jena Theologie studierte, sich an Herder und Goethe begeisterte und das Wartburgfest mitmachte. Der erste hervorragende Erforscher der tschechischen Sprache und Literatur sowie slawischer Altertümer war K. Safarik (sprich Schafarschik), ebenfalls ein Slowak und Jenenser Student (1795—1861).

Doch einen fruchtbaren Boden fanden sie nicht in der Slowakei, sondern in Böhmen, das ökonomisch weit mehr entwickelt war. Dort hörte auch die Bewegung bald auf, eine bloße Bildungsbewegung zu sein; sie nahm politischen Charakter an. Sie beschränkte sich nicht mehr auf wissenschaftliche Abhandlungen und Belletristik. Die politische Zeitung wurde das Hauptmittel, mit dem sie wirkte. Stets aber blieb die Bewegung eine der unteren Klassen, auch ihre Intellektuellen entstammten diesen.

So heißt es von dem bedeutendsten Historiker der Tschechen, Franz Palacky (1798 bis 1876):

„Aus kleinen Verhältnissen wuchs er empor. Das ist bei den böhmischen Führern keine Ausnahme, sondern eine Regel. Diese ist leicht durch die damalige unentwickelte wirtschaftliche Lage des böhmischen Volkes erklärbar, dessen Kern Bauern und Kleingewerbetreibende bildeten." (Tobolka über Palacky in dem Sammelwerk „Das böhmische Volk", Prag, 1916, S. 63. Dieses Werk erschien mit auffallend vielen weißen Flecken, obwohl es recht devot war.)

Die nationale Bewegung der Tschechen im 19. Jahrhundert hat demnach ganz anderen Charakter als die der Madjaren. So wie diese durch und durch adelig war, so jene durch und durch kleinbürgerlich-proletarisch. Die madjarische konnte unter Umständen demokratische Formen annehmen, doch ihr Ziel blieb stets die Vorherrschaft des Adels. Die tschechische ließ sich unter Umständen zu einem Bündnis mit antidemokratischen Elementen verleiten, aber schließlich brach in ihr der demokratische Charakter immer wieder durch.

Daß es zu solchen Bündnissen nicht selten kam, ist erklärlich nicht nur durch die zwiespältige Art des Kleinbürgertums, sondern noch mehr durch die Eigenart der Verhältnisse Österreichs, die wir schon beleuchtet.

Die Frucht eines solchen Bündnisses war das staatsrechtliche Programm der tschechischen Politik. Ihm ging ein anderes, streng demokratisches voraus, entwickelt von Palacky im Jahre 1849.

Er wollte damals ganz Österreich in acht Nationalstaaten zerlegen, 1. Deutschösterreich, umfassend Ober- und Niederösterreich, Salzburg, Vorarlberg, die deutschen Teile der Steiermark, Kärntens, Tirols, Böhmens, Mährens und Schlesiens. 2. Tschechisch-Österreich, bestehend aus den slawischen Gebieten der drei letztgenannten Länder und der ungarischen Slowakei. 3. Polen mit Galizien, der Bukowina und den ruthenischen Teilen Ungarns. Den Ruthenen blieb nach diesem Plan ihr besonderer Nationalstaat versagt. 4. Illyrien: die slawischen Teile der Steiermark, Kärntens, Krains, des Küstenlandes. 5. Italienische Lande: Südtirol, Lombardei, Venetien. 6. Südslawische Gruppe: Kroatien, Dalmatien, serbische Woiwodschaft. 7. Madjarische Gruppe: Die madjarischen Teile Ungarns und Siebenbürgens. 8. Die Rumänische, bestehend aus den rumänischen Gebieten von Galizien, der Bukowina, Siebenbürgen, Ungarn, der Militärgrenze. (Vgl. H. Friedjung, Österreich von 1848—1860, Stuttgart, 1908, S. 278.)

Wie alt ist dieses Programm und wie neu erscheint es in sehr wesentlichen Teilen!

Wäre es 1849 durchgedrungen, bestände vielleicht die österreichische Monarchie heute noch in voller Kraft. Es war bestimmt, ein bloßes Projekt zu bleiben, da nur die Schwachen es akzeptierten, die Herrennationen es ablehnten.

Doch nicht einmal die Tschechen selbst blieben ihm treu. Als im Beginn der sechziger Jahre sich allenthalben nach den Schlägen der Konterrevolution die Völker wieder regten, kamen in Österreich die zentralistischen Deutschliberalen zur Herrschaft, dank dem

Umstand, daß sie in Ungarn dem ungarischen, in Galizien dem polnischen Adel zur Herrschaft verhalfen. In dem Rest Österreichs bildeten die Deutschen die Mehrheit.

Die Sache der Tschechen wäre aussichtslos gewesen, wenn nicht die Deutschen selbst sich gespalten hätten. Den liberalen Zentralisten traten die partikularistischen Bauern der Alpenländer, geführt von den Klerikalen, und der böhmische Adel entgegen, der nach der Schlacht am weißen Berge völlig germanisiert worden war, aber jetzt in seinem Haß gegen die deutschen zentralistischen Liberalen sein tschechisches Herz entdeckte.

Unter dem Einfluß dieser reaktionären Bundesgenossen wurde das demokratische Programm Palackys von 1849 fallen gelassen. Sein Urheber selbst gab es auf. An seine Stelle trat das staatsrechtliche Programm, die Forderung der Wiederherstellung des alten Königreichs Böhmen mit seinen Unterländern Mähren und Schlesien zu einem selbständigen Gemeinwesen, wie Ungarn.

Das Beispiel des 1867 siegreichen Ungarn trug viel dazu bei, den Gedanken der Erneuerung Böhmens, wie es vor der Schlacht am Weißen Berg bestanden, wieder populär zu machen. Man vergaß dabei, daß der ungarische Nationalismus aristokratischer, der tschechische demokratischer Natur war. Dieser verleugnete sein Wesen, wenn er die Ungarn zu seinem Vorbild machte.

Viel trug zu der Popularität des Gedankens des böhmischen Staatsrechts auch die tschechische Romantik bei. Eine Nation oder eine Klasse, die in der Vergangenheit eine glänzende Rolle gespielt hat, sieht ihr Ideal, wenn die Gegenwart eine trübe, nur zu leicht in der Wiederbelebung jener schönen Vergangenheit, die natürlich in der Erinnerung noch herrlicher erscheint, als sie gewesen. Dies einer der Gründe, die so manchen Deutschen in den kläglichen Tagen der Kleinstaaterei für die Erneuerung eines Kaisertums nach hohenstaufenschem Muster begeisterten. Diese Art romantischer Politik war bei den Tschechen sehr stark, bei denen der Gegensatz zwischen ihrer augenblicklichen trübseligen Lage und dem Glanze der Vergangenheit besonders kraß war.

Doch nicht nur feudale Bundesgenossen der Gegenwart und Erinnerungen an die Feudalzeit der Vergangenheit machten den Tschechen das Staatsrecht teuer, sondern auch Erwartungen der Zukunft.

Im Verhältnis zu den Deutschen waren die Tschechen eine agrarische Nation. Überall erzeugt unter kapitalistischen Bedingungen eine agrarische Bevölkerung einen Menschenüberschuß, der in industrielle Gebiete abströmt. Das nahm in Österreich die Form des Abströmens tschechischer Elemente in deutsche Gebiete an. Damit begann unter bestimmten Umständen deren Tschechisierung. Deutsche Sprachinseln wurden in tschechisches Gebiet verwandelt, in Gegenden mit gemischter Bevölkerung tschechische Minderheiten zu Mehrheiten gemacht, in bisher reindeutschen Gebieten tschechische Sprachinseln geschaffen. So hoffte man nach und nach das ganze deutsche Gebiet in Böhmen, Mähren, Schlesien dem Tschechentum zuzuführen, diese drei Länder zu einem rein-tschechischen Nationalstaat zu gestalten. Dazu verrammelte man sich den Weg, wenn man als Gebiet des tschechischen Staates bloß das heute von der tschechischen Nationalität eingenommene Gebiet festsetzte.

Es ist jedoch ein Irrtum zu glauben, daß nach und nach die Deutschen Böhmens, Mährens, Schlesiens in ihren geschlossenen Sprachgebieten verschwinden würden. Nur in den Industriegegenden machten die Tschechen Fortschritte, in den agrarischen Bezirken verschoben sich die Sprachgrenzen kaum. Die Verschiebungen in den Industriegebieten dürften aber bald ein Ende nehmen, sobald die Tschechen aufgehört haben, ein Agrarvolk zu sein und ein Industrievolk geworden sind, das keinen Menschenüberschuß mehr abgibt. Und das wird bald der Fall sein.

Nachdem die Tschechen eine eigene Klasse von Intellektuellen entwickelt und wieder einen eigenen Adel bekommen hatten, schufen sie sich auch ein eigenes Industrie- und Bankkapital. Der in Böhmen sehr mächtige große Grundbesitz ging voran mit der Errichtung von Fabriken auf seinen Gütern, die Bauern folgten mit der Teilnahme an Aktiengesellschaften. Zunächst waren es agrarische Industrien, die auf diese Weise seit Beginn der liberalen kapitalistischen Ära entstanden, einerseits die Verarbeitung landwirtschaftlicher Produkte, wie Bierbrauereien, Branntweinbrennereien, Zuckerfabriken, anderseits Herstellung von Produktionsmitteln für die Landwirtschaft, wie z. B. Düngerfabriken sowie Fabriken landwirtschaftlicher Maschinen.

Seit den neunziger Jahren des vorigen Jahrhunderts bemächtigt sich das tschechische Kapital immer mehr auch anderer Industriezweige, bloß die Eisenindustrie ist noch überwiegend in deutschen Händen.

Die Tschechen verfügen in Österreich nach den Deutschen über die stärkste industrielle Bevölkerung. Sie sind im Begriffe, ein Industrievolk zu werden.

Damit haben sie ein modernes Proletariat bekommen und moderne Klassenkämpfe im Schoße der Nationalität. Darauf gestützt, hofften wir, die wachsende Schärfe der Klassengegensätze werde die nationalen Gegensätze zurückdrängen. Im Jahre 1896 schrieb ich:

„Heute herrschen unter den Tschechen dieselben Klassengegensätze wie unter den Deutschen, die Gleichheit der Klasseninteressen beginnt die nationalen Gegensätze zu überbrücken, der Gegensatz der Klassen innerhalb jeder Nation beginnt die starre nationale Geschlossenheit aufzulösen." (Vorrede zu Marx, Revolution und Konter-Revolution in Deutschland, S. XXX.)

Eine Reihe von Tatsachen sprach damals für diese Erwartungen. Und doch waren schon Faktoren am Werk, den nationalen Gegensatz von neuem aufs Höchste zu steigern. Gerade die industrielle Entwicklung verschärfte den Konkurrenzkampf zwischen den Kapitalisten der verschiedenen Nationalitäten, und dazu gesellte sich die steigende Konkurrenz der Intellektuellen. Die Tschechen errangen bereits 1869 eine eigene technische Hochschule in Prag, 1899 eine zweite in Brünn, sowie 1882 eine eigene Universität in Prag neben der nach 1620 verdeutschten. Alle diese Lehranstalten produzierten zahlreiche geistige Kräfte, die in Konkurrenz mit den deutschen Intellektuellen traten und deren bisheriges geistiges Monopol schmälerten. Dieselben Faktoren, die in mächtigen, national einheitlichen Staaten das imperialistische Ausdehnungsstreben erzeugten, führten im Nationalitätenstaat zur Verschärfung der nationalen Gegensätze, die in erster Linie bei den Intellektuellen zutage traten, von ihnen aber auch auf die anderen Klassen übertragen wurden, schließlich sogar auf das Proletariat. Der tschechische „Separatismus" seit 1910, die Begründung eigener tschechischer Gewerkschaften, ist wohl noch in guter Erinnerung. Die Sozialisten aller Länder, soweit sie sich überhaupt mit österreichischen Dingen befaßten, verurteilten streng die nationale Spaltung der Gewerkschaftsbewegung. Heute allerdings wird uns diese Spaltung erklärlicher als damals. Sie war eines der vielen Symptome, die bezeugten, wie hochgradig die Spannung zwischen den Nationen geworden war und die daher den kommenden Zusammenbruch des alten Österreich ankündigten. Fast gleichzeitig wurde durch diese Spannung der böhmische Landtag arbeitsunfähig und bald darauf der Wiener Reichsrat, indes zur selben Zeit in Kroatien und Bosnien der Belagerungszustand herrschte.

In dieser Situation ging Österreich in den Weltkrieg. Stets ist eine Regierung am stärksten bei Beginn eines Krieges, wo sie über die unverbrauchten Befugnisse und Machtmittel des Kriegszustandes verfügt. „Die Seufzer und die Tränen, die kommen hinten nach".

Gar mancher österreichische Patriot ließ sich damals durch das Fehlen einer lauten Opposition täuschen und sah darin jubelnd das Bekenntnis der Nationalitäten zu Österreich. So glaubte unser Freund Renner noch 1916 im dritten Bande seines Buchs über „Österreichs

Erneuerung" konstatieren zu können, daß die führenden Männer aller Nationalitäten schon vor dem Kriege

„mit verschwindenden Ausnahmen — Gegenwart und Zukunft ihres Volkes noch relativ am besten im Rahmen dieses Staatsverbandes und auf dem Boden dieses einseitlichen Wirtschaftsgebiets geborgen sehen. Der Krieg hat vollends die Niederlage des nationalen Chauvinismus besiegelt: die Massen im Felde haben — wieder bis auf verschwindende Ausnahmen — nicht ihn, sondern ihr Interesse für den Bestand und die Einheit des Reichs bekundet". S. 117.)

Wie die Masse wirklich dachte, haben jetzt Renner und seine Freunde schaudernd miterlebt. Nun sind sie zu „verschwindenden Ausnahmen" geworden, soweit sie es nicht vorziehen, rasch umzulernen.

Der neue tschechische Staat.

Der tschechische Staat ist da. Sogar offiziell anerkannt. Gestritten wird nur noch darüber, welche Grenzen und welche Beziehungen zu seinen Nachbarn er haben soll. Die Entscheidung darüber wird wohl erst auf dem Friedenskongreß fallen. Heute handelt es sich darum, welche Haltung die Sozialdemokratie in dieser Frage einzunehmen hat.

Zwei Programme kommen in Betracht, das demokratische, das Palacky zur Zeit der Revolution von 1848 entwarf, und das feudalromantisch staatsrechtliche, zu dem er sich ein Dutzend Jahre später bekehrte. Für einen Sozialdemokraten kann allein das demokratische annehmbar sein.

Natürlich können wir dabei nur den Grundsatz der Selbstbestimmung entscheiden lassen, nicht etwa den der Sprachenkarte. Dieser die Entscheidung zu übertragen, ist eine ganz schulmeisterliche Vorstellung, der die Landkarte höher steht, als das Wollen der lebenden Menschen.

Die wenigsten Sprachenkarten Osteuropas sind genau. Einmal ist es dort mit der Statistik überhaupt schlecht bestellt, dann aber wissen alle Machthaber des Ostens, daß auf Grund einer solchen Statistik politische Ansprüche erhoben werden. Jeder verwendet daher seinen Einfluß dahin, um die von ihm abhängigen Elemente zu zwingen, sich zu seiner Nationalität zu bekennen. In revolutionären Zeiten, in denen die Massen sich viel freier und kräftiger fühlen als sonst, wird eine Sprachenkarte vielfach ganz anders ausfallen, als in Zeiten herkömmlicher „gottgewollter" Abhängigkeiten.

Doch abgesehen davon, würde es auch der Demokratie widersprechen, wenn man Deutsche in Böhmen, die mit den Tschechen zusammen in einem Staate bleiben wollten, daran auf Grund der Sprachenkarte zu hindern suchte, wie ja auch umgekehrt der Fall möglich wäre, daß etwa in Ostpreußen sich masurische Bezirke für den Verbleib beim Deutschen Reich entschieden.

In der Regel freilich werden das Ausnahmen sein und wird die politische Grenze nach dem Grundsatz der Selbstbestimmung mit der Sprachgrenze übereinstimmen. Wo die Grenze strittig ist, so in gemischten Bezirken, müßte ein internationaler höherer Gerichtshof nach Billigkeit entscheiden.

Die Sozialdemokratie muß das historische Recht heute für Böhmen ebenso ablehnen, wie sie es 1870 für das Elsaß ablehnte.

Etwas näher dem modernen Empfinden würde die Berufung auf das natürliche „Wirtschaftsgebiet" klingen, das Verkehrsgebiet, das Böhmen in so ausgesprochenem Maße darstellt und das die Zusammenfassung aller seiner Teile in einem Staatswesen fordern könnte. Mancher dürfte sich sogar einbilden, es entspreche dem strengen Marxismus, wenn man die Unteilbarkeit Böhmens in dieser Weise ökonomisch begründe und man könnte sich hierbei auf einige Marxisten berufen, die den reinen Nationalstaat als überholt ablehnen und den Nationalitätenstaat aus den Bedürfnissen des „Wirtschaftsgebiets" erklären.

Doch in Wirklichkeit spielen die natürlichen Bodengestaltungen für das Verkehrswesen bei dem heutigen Stand der Technik längst nicht mehr jene Rolle, wie ehedem. Sie treten hinter der Bedeutung der Sprache und der staatlichen Faktoren für den Verkehr immer mehr zurück.

Wollte man aber trotzdem die Selbstbestimmung der Nationalitäten den durch die Bodengestaltung hervorgerufenen Verkehrsbeziehungen unterordnen, so würde das höchstens für die Unteilbarkeit Böhmens sprechen. Mähren und Schlesien dagegen sind durch ihre natürlichen Verkehrswege in engere Beziehung zu deutschen Gebieten, als zu Böhmen gebracht. Und erst die Slowakei, die fiele dann vollständig weg. Diese gehört geographisch zu dem ungarischen Verkehrsgebiet, sie war staatlich und kommerziell stets von den Ländern der „heiligen Wenzelskrone" abgesondert.

Auf jeden Fall muß man verlangen, daß für die Regelung der strittigen Nationalitätenfragen nur ein Grundsatz anerkannt wird, nicht mehrere, einander widersprechende. Vor allem muß man das von den Sozialisten verlangen. Bei den bürgerlichen Machtpolitikern keine Grundsätze zu finden, überrascht uns weniger. Sie haben keine neue Gesellschaft aufzubauen, leben nur noch von der Hand in den Mund. Sind „Realpolitiker".

Freilich sehen wir heute Sozialisten, sogar sehr radikale, die dem Grundsatz huldigen, ihre jeweiligen Grundsätze nach dem augenblicklichen Nutzen zu wählen, den sie ihnen bringen. Sie sind Demokraten in der Opposition und verpönen sie, wenn eine Augenblickskonstellation sie als Minderheit an die Macht bringt. Das ist natürlich nichts als Opportunismus. Es gibt auch einen Opportunismus von Revolutionären.

Wir halten trotzdem an der altfränkischen Auffassung fest, daß Grundsätze da sind, um als Kompaß unter allen Umständen zu dienen, um uns zu verhindern, uns in Widersprüche zu verwickeln, über die wir später selbst stolpern, deren Konsequenzen uns selbst aufs schwerste schädigen. Eine grundsätzliche Politik ist stets jene, die die äußersten Konsequenzen erwägt und nicht bloß den Augenblickserfolg in Betracht zieht.

Noch schlimmer, als ein Opportunismus, der zeitlich, je nach den wechselnden Verhältnissen, seine Grundsätze ändert, ist einer, der sie im Raume wechselt, indem er gleichzeitig in verschiedenen Gegenden verschiedene Grundsätze anwendet.

Dieser Opportunismus war bisher in Österreich gang und gäbe. Die Deutschösterreicher forderten die Zweiteilung Böhmens in einen deutschen und einen tschechischen Teil, weil sie dort die Minderheit bilden. Gleichzeitig zeterten sie über Verrat an der Nation, wenn die Zweiteilung der Steiermark und Kärntens in einen deutschen und einen slowenischen Teil in Frage kam.

Jetzt wieder wehren sich zahlreiche Tschechen gegen die Loslösung der deutschen Randgebiete von dem neugegründeten tschechoslowakischen Staate, die doch die Loslösung der slowenischen Gebiete von der Steiermark und Kärnten für selbstverständlich finden. Und gleichzeitig verfechten sie für Böhmen das historische Recht und für Ungarn die Durchbrechung des historischen Rechts durch die Selbstbestimmung der Nationalitäten oder gar durch die Sprachenkarte.

Welches müßten die Konsequenzen dieser grundsatzlosen Machtpolitik sein? Daß der kommende Friede wieder kein dauernder Friede wird, daß er alte Irredentas bloß aufhebt, um neue zu schaffen. Europa hat lange genug geseufzt unter der ewigen Kriegsdrohung, die seit 1871 dem Elsaß durch die Mißachtung der Selbstbestimmung zugunsten des historischen Rechts entsprang, das in diesem Falle sogar mit der Sprachenkarte übereinstimmte. Will der tschecho-slowakische Staat in Deutschböhmen ein neues Elsaß schaffen? Die Spuren schrecken, sie müssen vor allem Sozialdemokraten schrecken, die eine über den Augenblicksgewinn hinausgehende Politik betreiben.

Noch schwieriger, als die Gestaltung der Grenzen des neuen tschecho-slowakischen Gemeinwesens würde sich sein Verhältnis zu seinen Nachbarn gestalten, wenn die Staaten nach dem Kriege in herkömmlichem Sinne souverän sein sollten.

Die strategische Position des neuen Staates wird von vornherein eine verzweifelte. Dieses kleine Gebiet mit etwa 8—10 Millionen Einwohnern ragt bis in die Mitte des deutschen Reichs hinein, vom Norden, Westen, Süden wird es von deutschem Boden umklammert. Bei einem feindlichen Konflikt hätte es eine Übermacht von 70 Millionen auf drei Fronten gegen sich. In Mähren sind die meisten in das tschechische Gebiet von Nord und Süd vorspringenden deutschen Gebietsteile nur 100 Kilometer von einander entfernt. Zwei gegeneinander marschierende deutsche Armeen könnten sich nach zwei Tagesmärschen schon die Hände reichen und Böhmen in eine von aller Welt abgeschnittene Festung verwandeln.

Schon diese Position würde einem vollkommen selbständigen tschechischen Staat jede Politik unmöglich machen, die im Gegensatz zur deutschen stände. Er würde ein deutscher Vasallenstaat.

Dazu kommt seine kommerzielle Lage. Es gäbe keinen Staat in Europa, der so weit von jeder Meeresküste abläge, wie den tschechischen. Die Schweiz entbehrt wohl auch jedes direkten Zugangs zum Meere, aber sie grenzt an vier Großstaaten, von denen jeder über zahlreiche Seehäfen verfügt und die nie alle mit einander zu gleicher Politik verbündet waren. Bei einem eventuellen Konflikt mit einem oder mehreren von ihnen konnte sie immer noch auf einen andern rechnen, der ihr seine Seehäfen nicht sperrte.

Böhmen dagegen — wenn wir den tschechoslovakischen Staat kurz so nennen wollen — wird auch da wieder darunter leiden, daß es nach drei Seiten an deutsches Gebiet grenzt, alle seine Wasserläufe und natürlichen Verkehrswege in deutsches Gebiet münden. Das im Osten angrenzende Ungarn würde als Nationalstaat auch des Zugangs zum Meere entbehren. Nur durch einen schmalen Streifen hinge Tschecho-Slovakien nördlich der Karpathen mit dem Weichselgebiet, also Polen zusammen, das ja einen Meereshafen beansprucht. Von Deutschlands und Polens Gnade hinge Böhmens Verbindung mit dem Meere ab. Dabei aber bildete es einen steten Querriegel zwischen dem nördlichen und dem südlichen Deutschland im Osten, ein lästiges Verkehrshindernis, wenn es nicht seine Verkehrspolitik nach deutschen Bedürfnissen einrichtet. Auch da wieder also die Gefahr eines Vasallenverhältnisses.

Nun denken wohl die meisten Nationalitäten, die sich jetzt in Osteuropa als besondere Nationalstaaten konstituieren, nicht daran, jede für sich ein isoliertes staatliches Dasein zu führen. Der Gedanke ihrer Föderation in Staatenbünden wird lebhaft unter ihnen erwogen.

Da wäre das nächstliegende die Wiedervereinigung der verschiedenen neuen staatlichen Gebilde, die aus dem Körper des alten Rußland herausgeschnitten wurden, zu einem großrussischen Staatenbund. Kommt ein solcher zustande, so entspräche der Anschluß Böhmens an ihn einem alten Wunsch mancher tschechischer Politiker, unter denen panslavistische Ideen stets sehr im Schwange waren. Das einzige Bedenken, das sie abschreckte, die Furcht vor der zaristischen Knute, ist ja weggefallen.

Damit würden die Tschechen wohl einen mächtigen Rückhalt gegenüber Deutschland gewinnen, aber ihre strategische und kommerziell schlechte Position erführe dadurch keine Besserung, da sie in beiden Beziehungen von Deutschland abhängig blieben. Ihre Situation dürfte sich sogar verschlechtern, denn jenes mächtige östliche Gemeinwesen könnte eher als das kleine Böhmen sich erlauben, eine deutschen Interessen widerstreitende Politik zu treiben, es würde eher in Konflikt mit Deutschland geraten können, als ein besonderer tschechoslowakischer Staat. Wie immer dann der Konflikt ausgefochten würde, Böhmen müßte ihn zuerst ausbaden, es würde der vornehmste Kriegsschauplatz.

Wir haben schon gesehn, daß die Bodengestaltung und die natürlichen Verkehrswege kommerziell und strategisch Böhmen, Mähren und Schlesien an Polen und Ungarn vorbei nördlich und südlich in Verbindung mit Deutschland brachten, und daß jene Länder demzufolge von 929 bis 1866 einen Teil, zuerst des deutschen Reiches und dann des deutschen Bundes bildeten. Alle strategischen und kommerziellen Schwierigkeiten würden gelöst, wenn Böhmen wieder ein Teil des deutschen Reichs würde. Das ist aber heute von vornherein ausgeschlossen und niemand fällt es ein, diese Lösung auch nur vorzuschlagen, geschweige, daß sie Aussicht auf Durchsetzung hätte. Schon diese Tatsache bezeugt, wie viel mächtiger die Erwägungen der Nationalität als die des „Wirtschaftsgebiets" geworden sind.

Noch eine andere Möglichkeit der Föderierung bliebe, die für den tschechoslowakischen Staat die kommerziellen und strategischen Nachteile seiner nach Deutschland vorspringenden Position aufhöbe: wenn sich die schon von Kossuth erstrebte Donauföderation bildete, der Zusammenschluß eines ungarischen Nationalstaats mit einem jugoslawischen und rumänischen zu einem Staatenbund, dann könnte Böhmen mit Deutschösterreich vereint durch Anschluß an diese Föderation strategisch und kommerziell in die beste Lage kommen, ohne befürchten zu müssen, als Minderheit von einer deutschen Mehrheit erdrückt zu werden, wie das bei einem Anschluß an das deutsche Reich zweifellos der Fall wäre.

Diese Lösung hieße freilich nichts anderes, als die Wiederherstellung Österreichs in nationaleren Formen und in erweitertem Umfange.

Bis zum Weltkrieg war denn auch die Mehrheit der tschechischen Politiker der Ansicht, daß keine der österreichischen Nationalitäten des österreichischen Staates bedürfe, mit Ausnahme der Ungarn und Tschechen. Alle andern könnten ohne ihn leben und besser leben, als in ihm. Bloß Ungarn und Tschechen nicht. Was diese früher forderten, ob sie sich auf den Standpunkt der Selbstbestimmung oder den des historischen Rechts stellten, war nur die Existenz als besonderer Staat in einem österreichischen Bundesstaat. Ihr Panslavismus verlangte nicht nach der Zertrümmerung Österreich, sondern erhoffte bloß die Stärkung der Slaven innerhalb des Reichs.

Erst der Weltkrieg ließ den vorher nur von vereinzelten Männern gehegten Gedanken eines völlig selbständigen tschechoslowakischen Staates plötzlich zu einer die gesamte Volksmasse beherrschenden Macht anschwellen.

Damit ist aber der Wiederaufbau eines neuen Österreich ungemein erschwert worden. Und wenn die Tschechen es wieder aufzubauen wünschten, werden die Deutschösterreicher nicht wollen. Denn mit der überragenden Stellung in Österreich ist es für sie ebenso vorbei wie für die Ungarn. Damit wird aber das wesentlichste Band zerschnitten, das sie an Österreich fesselte.

So erscheinen die Aussichten des neuen Böhmen durchaus nicht rosig, trotz der glänzenden internationalen Position, die die tschecho-slovakische Nationalität plötzlich im Weltkrieg gewonnen hat.

Doch derselbe Krieg, der ihr zu dieser Position verhalf, hat auch Bedingungen geschaffen, die ihr deren Festhaltung ermöglichen.

Die Liga der Nationen.

Wir haben die Aussichten des tschechischen Staates bisher unter der Voraussetzung untersucht, daß der Charakter des europäischen Staatenlebens nach dem Kriege der gleiche sein wird wie vorher.

Wenn aber etwas heute schon feststeht, ist es die Tatsache, daß dieser Charakter sich gründlich ändern wird.

Nicht nur in der inneren, sondern auch in der äußeren Politik. Die allgemeine Abrüstung hört auf, ein pazifistischer Traum zu sein, sie wird eine ökonomische Notwendigkeit. Internationale Abrüstung ist aber unmöglich ohne internationale Einrichtungen der Kontrolle oder auch der Entscheidung von Streitfragen zwischen Völkern und Staaten, die sonst durch die Gewalt der Waffen gesucht wurde. Wohl erwarten wir vom Frieden, daß er die großen Streitfragen zwischen den führenden Mächten für lange Zeit löst. Aber an Streitfragen zwischen den kleinen, sich neu in Osteuropa bildenden Staaten wird es auch nach dem Friedensschluß nicht mangeln. Es ist nicht zu erwarten, daß es gelingt, dort sofort ein Definitivum zu schaffen, bei dem alle Beteiligten sich beruhigen. Auch Mißgriffe bei der Ziehung von Grenzen sind möglich, sowie Wandlungen der Anschauungen, sobald die Erregung und der Haß verraucht sind, die der Krieg erzeugte. Das könnte ein ständiges Streben nach Revidierung des Friedens und damit einen ewigen Kriegszustand oder doch stete Kriegsgefahr geben, wie in den letzten Jahren vor dem Weltkrieg auf dem Balkan, wenn nicht Einrichtungen getroffen werden, die eine schiedsrichterliche Entscheidung ermöglichen und hinter denen die Gesamtheit der Völker steht, so daß es keinem einzelnen der Staaten einfallen könnte, sich dieser überwältigenden Macht widersetzen zu wollen.

Ist die allgemeine Abrüstung durchgeführt, sind internationale schiedsrichterliche Einrichtungen geschaffen und anerkannt, dann hören die Landesgrenzen auf, strategische Bedeutung zu haben. Und auf der andern Seite wieder haben gerade jene der Staaten, die im Weltkriege erstehen oder neubegrenzt werden mit ungünstigen strategischen Grenzen, am meisten Ursache, die allgemeine Abrüstung und internationale Schiedsgerichte zu fordern und zu fördern.

Der Weltkrieg dürfte aber auch dem bisherigen Zollsystem gründlich zu Leibe gehn. Er hat in allen Industriestaaten einen außerordentlichen Mangel an Nahrungsmitteln und Rohstoffen und eine ungeheure Teuerung herbeigeführt. Gleichzeitig hat er den Gegensatz zwischen den agrarischen Schichten und der arbeitenden städtischen, vom Proletariat geführten Bevölkerung, der schon vor dem Krieg in starkem Wachsen war, aufs höchste gesteigert. Er hat endlich, wenigstens in Osteuropa, den Kampf gegen den noch stark feudalen Großgrundbesitz auf die Tagesordnung gesetzt.

In Böhmen wird es daran ebensowenig fehlen wie in Polen und Ungarn. Wohl ist der böhmische Adel anderer Art, als der ungarische. Er kämpft nicht seit Jahrhunderten um Herrschaft und Existenz, sondern hat sich seit der Schlacht am Weißen Berge von aller politischen Tätigkeit ausschalten und zu einem trägen Genußleben verurteilen lassen. Er kann sich mit dem ungarischen Adel messen in Ausbeutungswut und Anmaßung, nicht aber an Begabung und Energie. Seine Macht wird leichter gebrochen werden als die seiner ungarischen Kollegen.

Niedergang der Macht des Junkertums, stetiges Wachsen des städtischen Widerstands gegen agrarische Forderungen, unerträgliche Teuerung, das wird allenthalben zur Signatur der Zeit nach dem Kriege gehören, das wird die Wiedereinführung von Agrarzöllen kaum möglich machen.

Mit den Agrarzöllen schwindet indes auch die Grundlage für Industriezölle, die in den Industrieländern längst keine Erziehungs-, sondern nur noch Monopolisierungszölle sind, die aber auch in ökonomisch rückständigen Ländern leicht durch andere Maßnahmen der Produktionsförderung zu ersetzen sind, die nicht durch Erhöhung der Produktenpreise, sondern durch Herabsetzung der Produktionskosten wirken, was in der Zeit des Notstandes nach dem Kriege viel wichtiger sein wird.

Je mehr so die Zölle ihre alte Bedeutung verlieren, je mehr allgemeiner Freihandel möglich wird, desto mehr hören die Staaten auf, besondere Wirtschaftsgebiete zu bilden, desto weniger werden die Bedürfnisse nationaler Selbstbestimmung durch die Bedürfnisse internationalen Verkehrs durchkreuzt werden.

Entschieden ist der Gedanke zurückzuweisen, an Stelle des allgemeinen Freihandels aller

Staaten Zollbündnisse zu schaffen, durch die sich einige von ihnen zusammentun, um sich um so entschiedener von den andern abzuschließen. Ein solches Bündnis hat stets einen feindseligen Charakter gegen die außer ihm stehenden Staaten, es trägt den Keim des Wirtschaftskrieges in sich, ist unverträglich mit den Tendenzen der allgemeinen Abrüstung und des dauernden Friedens.

Eine Balkanföderation oder Donauföderation oder mitteleuropäische oder russische Föderation, und wie die geplanten Föderationen alle heißen mögen, sie wären kein Fortschritt, sondern ein Hindernis, wenn sie Zollverbände würden, die den Zusammenschluß der Vereinigten Staaten der Welt hemmten.

Ist erst einmal durch die wirtschaftliche Notlage dieser Zusammenschluß zu Zwecken allgemeiner Abrüstung und internationaler Schiedsgerichte angebahnt, dann muß er bald, wieder durch ökonomische Bedürfnisse veranlaßt, auf weitere Gebiete politischen und wirtschaftlichen Lebens übergreifen. Wie in der inneren Politik haben wir es auch hier mit Anfängen zu tun, die immer weiter über sich selbst hinaus treiben. Hat man doch schon von der Internationalisierung der Kolonien sowie mancher Meerengen und Kanäle gesprochen.

Die Forderung der Internationalisierung mancher Wasserstraßen ebenso wie die der Freiheit der Meere geht von der Erkenntnis aus, daß unbeschränkte Teilnahme am internationalen Verkehr, unbeschränkter Zugang zu dem großen internationalen Verkehrsmittel, das die Meere bedeuten, eine Lebensfrage für jeden modernen Staat ist. Daher auch die Wichtigkeit für jedes Staatswesen, über einen eigenen Meereshafen zu verfügen.

Doch im Zeitalter der Eisenbahnen bildet das Meer keineswegs mehr die einzige internationale Verkehrsstraße von Bedeutung. Für viele Staaten sind heute schon die Eisenbahnen weit wichtiger geworden. Von der Eisenbahnpolitik eines Nachbarn abhängig zu sein, kann für das Wirtschaftsleben eines Staates ebenso beengend, ja unter Umständen verhängnisvoll werden, wie die Abschließung vom Meere.

Es war ein großer und fruchtbarer Gedanke des deutschen Imperialismus, die Eisenbahnverbindung von Hamburg bis Bagdad der Beherrschung, wenn auch nicht der Besitznahme durch eine einzige Hand unterwerfen zu wollen. Schade nur, daß Verkehrsstraßen auch Militärstraßen sind und die geplante Verbindung der Weltherrschaft ebenso dienen konnte wie dem Weltverkehr. Das ist jedoch kein Grund, die Idee fallen zu lassen, sondern nur einer, die Herrschafts- und Kriegszwecke aus ihr zu entfernen.

Die Balkankriege und der Weltkrieg, die die Türkei, Österreich und Rußland in eine Reihe von Staaten spalten, haben die Bedingungen für einen einheitlichen internationalen Eisenbahnverkehr nicht verbessert, sondern zunächst verschlechtert. Beim Beginn des Baues der Bagdadbahn brauchten zur Herstellung einer ungestörten Verbindung zwischen Hamburg und Bagdad bloß drei Staaten unter einen Hut gebracht zu werden, Deutschland, Österreich, die Türkei. Von nun an wird eine Ware von Deutschland nach Bagdad den tschechischen Staat, den deutschösterreichischen, den ungarischen, serbischen, bulgarischen, türkischen passieren müssen, um schließlich im arabischen zu landen.

Soll das nicht einen empfindlichen Rückschritt darstellen, dann ist es dringend notwendig, diese Linie und überhaupt alle Eisenbahnen von internationaler Bedeutung einer internationalen Verwaltung, wenn auch nicht notwendigerweise internationalem Besitz zu übergeben. Alle Länder mit internationalem Verkehr haben ein Interesse an einer derartigen Regelung, am meisten jedoch diejenigen, die vom Meere, der internationalen Verkehrsstraße, abgeschnitten sind. Und auf der andern Seite wieder würde bei einer derartigen Regelung im Verein mit allgemeinem Freihandel die Gewinnung eines Zugangs zum Meer aufhören, eine Lebensfrage für einen jeden Staat zu sein, würden

Staaten, wie der ungarische, der polnische, der tschechische, auch ohne solchen Zugang ihre ökonomische Entwicklung sicher gestellt sehn.

Gerade jene Staaten, in denen heute das nationale Empfinden höhere Wogen schlägt, als irgendsonstwo und die am eifersüchtigsten über ihrer nationalen Selbständigkeit wachen, haben das größte Interesse daran, daß die internationalen Einrichtungen, die beim Friedensschluß unausweichlich geschaffen werden müssen, möglichst kraftvoll und mit möglichst weitem Geltungsbereich gebildet werden.

Sie haben damit auch das größte Interesse daran, daß das internationale sozialistische Proletariat möglichst stark und geschlossen in das Weltgeschehn eingreift.

Man braucht die internationalen Einrichtungen, die ins Leben gerufen werden, nicht zu unterschätzen, wie mancher radikale Sozialist deshalb tut, weil diese Einrichtungen zunächst von bürgerlichen Regierungen getroffen werden, wobei er vergißt, welche Rolle in der geschichtlichen Entwicklung neben den Absichten der Regierungen der Zwang der ökonomischen Bedingungen und Bedürfnisse spielt. Auf diesen Zwang, nicht auf die wohlwollenden Absichten der Regierungen rechnen wir, als Marxisten, wenn wir die hier besprochenen internationalen Einrichtungen erwarten. Sie gehören mit zu „den Bedingungen des schließlichen Sieges der Arbeiterklasse", die Engels als absolut sicheres Resultat des Weltkrieges voraussah.

Wir unterschätzen sie also keineswegs. Aber es ist kein Zweifel, daß von den bürgerlichen Regierungen auf dieser ihnen ungewohnten Bahn die einen nur zaghaft vorgehn, die andern kühneren, nur Sonderziele anstreben werden. Eine der ersten und wichtigsten Aufgaben der proletarischen Internationale, die sich jetzt zu neuem Wirken zusammenfindet, wird darin bestehen müssen, die Zaghaften voranzutreiben, die Kühnen an der Ausbeutung der neuen Institutionen zu selbstsüchtiger Machtpolitik zu hindern.

Je mehr es gelingt, auf diese Weise die Selbstbestimmung aller Nationalitäten dauernd zu sichern, um so mehr werden die nationalen Kämpfe aufhören, die Proletarier zu beschäftigen und zu trennen, um so mehr werden alle ihre Kräfte frei für den einen großen Endkampf gegen die kapitalistische Produktionsweise, den der Friedensschluß in allen Staaten auf die Tagesordnung setzt.

www.ingramcontent.com/pod-product-compliance
Lightning Source LLC
Chambersburg PA
CBHW021716230426
43668CB00008B/852